눈은 푹푹 나리고

나는 나타샤를 생각하고

나타샤가 아니 올 리 없다.

언제 벌써 내 속에 고조곤히 와 이야기한다.

산골로 가는 것은 세상한테 지는 것이 아니다.

세상 같은 건 더러워 버리는 것이다.

- 〈나와 나타샤와 흰 당나귀〉 中에서. 백석.

백석 ————————————————————————————

일제 강점기에 활동했던 한민족의 대표 시인이자 번역가.

그의 시는 평안도 지방의 사투리를 차용해, 매우 향토적인 분위기를 띠고 있었지만

동시에 매우 모던한 방식으로 창작되어 많은 이들의 사랑을 받았다.

인간을 사랑하고 자연을 사랑한 시인이었으나.

월북한 뒤로 정치적인 이유로 남한과 북한 모두에서 평가 절하되었다가

1988년 월북 작가 해금 조치 이후로 남한에서 새롭게 주목받고 있다.

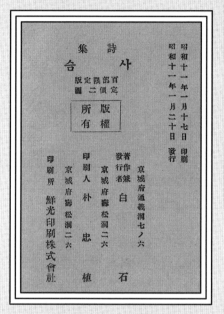

백석 시집《사슴》———————————

1936년 백석은 출판사를 통하지 않고 자신이 직접 발행하는

자가본(自家本)의 형태로 시집《사슴》을 발표했다.

총 4부에 걸쳐 33편의 시가 수록되어 있다.

백석의 가족 사진

백석은 사회주의 사상에 경도되어 있는 북한 사회에서
아동문학에 대한 자신의 소신을 밝혔다가
자아비판까지 하게 되었고, 양강도 삼수군으로 쫓겨났다.
사진은 삼수군에서 찍힌 것으로 추정되는 백석 가족의 모습이며,
왼쪽 위부터 시계 방향으로 차남 중축, 딸 지제, 백석, 부인 리윤희 순이다.

북한에서 찍힌 노년의 백석 사진

북한의 신분증에 붙어 있던 백석의 사진으로
노인이 된 백석의 모습을 확인할 수 있다.

박경련, 혹은 백석의 첫사랑 란 ─────

박경련은 백석의 첫사랑으로 알려진 인물이다.
백석이 1936년 〈조선일보〉에 발표한 시 〈통영〉에는
란이라는 여성이 등장하는데, 이 여성이 바로 박경련이라는
해석이 존재한다.

박경련과 신현중 ─────

백석의 첫사랑이었던 박경련은
훗날 백석의 절친한 친구였던 신현중과 결혼한다.
사진은 결혼 직후의 신현중과 박경련의 모습이다.

기생 김진향, 그녀의 또 다른 이름 자야 ─────

백석의 연인으로 알려진 기생 김진향.

그녀는 백석이 지어 준 이름 자야로 더 유명한 인물이다.

기생이라는 신분으로 인해 백석과의 사랑을 이루지 못한

가슴 아픈 사연이 지금까지도 사람들 사이에서 회자되고 있다.

백석의 대표 시 〈나와 나타샤와 흰 당나귀〉는

백석이 김진향과 이별하면서 건넨 것으로 알려져 있다.

역사인물도서관 5

백석 이야기

일러두기

□ 작중에 등장하는 시 작품들은 최대한 시의 원전을 참조하여 이해하기 쉬운 현대어로 풀어 실었습니다.

□ 일부 인용문의 경우, 원전을 그대로 인용하기보다는 저술의 전체적인 내용적 맥락을 고려하여 소설적으로 각색해 실었습니다.

역사인물도서관 5 백석 이야기

흰 바람벽이 있어

강영준 글

차례

제1부 몽둥발이가 된 슬픈 역사 속에서
(1912~1939)

제2부 가난하고 외롭고 높고 쓸쓸한

(1939~1996)

제1부 몽둥발이가 된 슬픈 역사 속에서

(1912~1939)

다쿠보쿠와 두 친구

신문사 앞뜰은 부산스러웠다. 보름 전 벌어진 무기 탈취 사건의 범인이 잡혔다는 제보가 들어와 사회부 기자들이 뛰쳐나갔고, 입구 왼편에서는 인부들이 새로 들어온 신문 용지를 트럭에서 바쁘게 내리고 있었다. 경성 곳곳을 누비고 돌아온 취재 기자들도 출입문을 부산하게 드나들었다. 이런 소란스러운 분위기에도 아랑곳없이 백석은 잠시 짬을 내어 첫 출근한 한 사내와 인사를 나누고 있었다.

사내는 철 지난 양복을 간신히 얻어 입었는지 후줄근한 모습이었지만 어딘지 모르게 신념에 가득 찬 눈빛이었고 신입인데도 주위 눈치를 살피거나 기죽은 모습이 아니었다. 당당한 그의 모습에 백석은 묘하게 끌리면서도 주눅이 들었다. 얼핏 보면 그 사내가 더 오래된 베테랑 기자처럼 보였다.

백석이 말을 어떻게 건넬지 머뭇거리자 사내가 먼저 입을 열었다.

"이름이 백석이라고요?"

"네. 백석입니다."

"그럼 혹시 흰 백에, 돌 석?"

사내는 입가에 능글맞은 웃음을 띠며 다시 물었다.

"그런 셈이죠."

"하하하. 그럼 흰 돌이군. 그럼 나는 앞으로 흑석, 검은 돌로 불러 주시오. 하하! 교정부라고 해서 틀린 글자나 찾아내는 따분한 곳인 줄 알았는데 지루하지는 않겠네요. 옷차림도 예사롭지 않고. 하하하! 나는 통영 사람 신현중입니다. 만나서 반갑습니다."

현중은 호탕하게 웃으며 석에게 악수를 청했다. 겉으로 너스레를 떨었지만 현중도 백석을 보고 적잖이 당황했다. 보리밭처럼 무성한 머리를 올백으로 빗어 넘기고 더블 버튼의 양복을 멋스럽게 차려입은 상대가 예사로워 보이지는 않았다. 겨우 친구 양복을 빌려 입고 출근한 자기 처지와는 아주 달라 보였다. 게다가 이름이 백석이라니. 신문사 교정부에 이런 별난 사람도 있었나?

당혹스러운 것은 백석이 더했다. 이름으로 놀림을 당하다니 적잖이 당황스러웠다. 하지만 서먹서먹한 분위기를 일순간 허물

15

어뜨리는 상대의 솜씨는 내심 부러웠다.

석이 당황하는 것을 눈치챘는지 현중은 말을 이었다.

"농담입니다. 농담. 실례지만 몇 년생이오? 난 기유년 닭띠인데."

"신해년입니다."

"그럼 내가 두 살 위군. 신해년이라. 역사적인 해에 태어나셨네. 중국에서 신해혁명이 일어났던 해 아닙니까? 이듬해엔 일본 천황이 즉위하기도 했고. 그게 다쿠보쿠*가 요절하던 해였던가? 참, 다쿠보쿠는 읽어 보셨소? 요즘 일본에서 다쿠보쿠라면 환장을 하던데. 살아 있을 때는 그렇게 외면들 하더니……."

석은 자신이 가장 좋아하는 시인을 현중이 알고 있다는 게 놀라웠다.

"다쿠보쿠, 좋아하죠."

석은 어색하게 웃으며 대답했다.

"그럼 석(石)이라는 이름도 혹시 다쿠보쿠의 석(石)에서 따온 거요?"

석은 대답 없이 그저 웃기만 했다.

---

* 이시카와 다쿠보쿠(石川啄木)는 일본 메이지 시대의 시인 겸 문학 평론가로서, 근현대 도시인이 겪는 상실감과 고향에 대한 그리움을 진솔하게 표현하였다. 일제의 조선 침략과 식민지 정책을 부정하고 비판한 반제국주의자이기도 했다. 1912년 스물여섯 살의 나이로 요절했다.

오늘따라 석이라는 이름이 왠지 낯설게 느껴졌다. 필명을 쓴 것은 오산고보^{●●}를 졸업할 때부터였으니 벌써 4년이 지났다. 이제 제법 익숙해졌는데, 갑자기 놀림을 당하고 보니 어쩐지 낯설다. 그리고 이름을 낯설게 만든 이 남자, 얄궂고 밉살맞다. 하지만 자신이 좋아하는 다쿠보쿠를 알아주는 것만으로 상대방의 무례가 용서되었고, 오래 알고 지낸 사람처럼 친근해졌다.

"앞으로 차차 알아 갑시다. 그런데 이곳은 참 따분한 곳이겠소? 안 그렇소?"

태평로의 〈조선일보〉사 교정부. 신문이 판매되기 전에 잘못된 글자나 빠진 글자는 없는지 살피는 곳이다.

백석은 일본 유학을 마치고 〈조선일보〉 교정부에 출근하기 시작했다. 아무 조건 없이 일본 유학을 지원해 준 신문사 사장과의 인연이 컸다. 게다가 요즘은 대공황의 여파로 일자리를 찾기 힘든 시절이어서 동경 유학을 해도 먹고사는 게 쉽지 않았다. 고학력자들도 신문 배달에, 구두 수선을 하는 판이니 적은 월급이지만 신문사 기자로 출발하는 게 석에게도 좋은 기회였다.

처음에 교정부 일은 흥미로웠다. 내일 발행할 신문을 미리 검

●●   오산 고등 보통학교. 1907년 남강 이승훈 선생이 평북 정주군 갈산면에 세운 학교로 조만식, 함석헌 등 민족 지도자들이 교육에 헌신한 학교다. 시인 김소월, 화가 이중섭 등이 이 학교 출신이다.

토하는 게 마치 앞날에 대한 예언이나 비밀스러운 계시를 몰래 훔쳐보는 것 같은 흥분이 일었다.

잘 나가는 작가들의 작품을 미리 읽어 본다는 것도 큰 재미였다. 홍명희의 인기 있는 연재 소설 〈임꺽정〉을 하루 먼저 읽는 재미가 큰 특권이라도 되는 듯 우쭐한 마음도 들었다.

그런 까닭일까. 석은 윤전기 소음마저 경쾌한 행진곡처럼 들리고 인쇄 잉크 냄새가 마치 모던한 문명의 향기라도 되는 것처럼 느끼고는 했다. 잘못된 글자를 찾아낼 때는 마치 흠결 없는 도자기를 구우려고 두 눈을 부릅뜬 노련한 도예공이라도 되는 착각이 들었다.

하지만 이런 기분은 오래 가지 않았다. 일단 눈이 아팠다. 인쇄 잉크의 화학적 성분이 눈을 자극했다. 기사를 먼저 접한다는 흥분도 차츰 떨어지기 시작했다. 작가들의 글은 흥미로웠지만 기자들이 써 내는 밋밋한 기사들은 구경거리 하나 없는 따분한 시장을 돌아보는 것처럼 지루하기 짝이 없었다.

하는 일 때문일까. 교정부 동료들의 생활은 한결같았다. 단조롭고 무채색 같은 삶. 자기를 드러내는 데에 게으르고 존재감 없이 지내는 게 일상이었다. 백석은 이런 분위기가 마땅치 않았다. 그런 백석에게 다쿠보쿠를 아느냐고 묻는 현중은 무척 반가웠다.

퇴근 후 두 사람은 자연스럽게 어울렸다.

"어디 가서 다쿠보쿠 이야기나 더 할까요? 당장 돈이 궁해 얻은 직장이지만 흰 돌 씨를 만나니 흥미가 생기는군요. 하하! 난 오늘 첫 출근이니 보시다시피 무일푼입니다. 흰 돌 씨가 오늘 밥값은 내 줘요."

"좋습니다. 가시죠."

해질 무렵 태평로를 걸어가는 훤칠한 두 사내는 사람들의 시선을 끌기에 충분했다. 둘은 사뭇 달랐다. 한 사람은 잘 다려진 양복에 넘실거리는 머릿결로 한층 멋을 부렸지만, 또 다른 사내는 낡은 구두에 몸에 맞지 않는 양복을 억지로 입은 것처럼 우스꽝스러워 보였다.

"어디로 갑니까? 난 그저 설렁탕 한 그릇이면 되는데, 소주 한 잔 곁들이면 좋고."

현중의 말에 석은 잠시 머뭇거렸다. 설렁탕집? 그런 집이라면 더러운 행주로 식탁을 마구 닦는 곳이 아닌가. 석은 그만 입을 다물었다.

"설렁탕은 싫소? 그럼 난 선술집도 좋소이다."

선술집? 그곳은 더 지저분하지 않나? 석은 마음이 꺼렸지만 내색하지 않은 채 현중을 바라보며 억지웃음을 지어 보였다.

현중은 묘한 기분이 들었다. 혹시 이 자가 부잣집 모던 보이라도 된다면 본정통이나 명치정으로 가려는 게 아닐까?

"어디 좋은 데 있소? 행여 진고개 같은 곳에 갈 거라면 난 안 갈 겁니다."

진고개 일대는 경성의 유흥 1번지였다. 수은등 불빛 아래 쇼 윈도가 화려하게 빛나고, 온갖 사치품이 쉴 새 없이 팔려 나가는 곳. 그곳은 밤이 늦도록 카페에 손님이 북적거렸고, 댄스홀에는 이른바 모던 보이, 모던 걸이 내일 없는 향락을 즐겼다. 일본어 간판이 거리를 뒤덮고 청춘 남녀들이 스시와 사케를 즐기며 퇴 폐적인 일본 가요에 몸을 내맡기는 곳, 그곳에서는 조선인들도 기죽지 않으려고 일본어를 쓰곤 했다.

"나는 조선인들이 일본어로 히죽거리며 음탕하게 장난하는 꼴 은 못 보겠소. 그런 곳이 어디 조선입니까? 일본이지. 술 먹고 취 하고 흔들어 대고 일본말 지껄이고 룸펜들이나 기웃거리는 곳은 딱 질색입니다."

"거길 가 봤어요? 자세히 알고 계시니."

석은 비꼬는 말투로 대답했다.

"뭐요?"

석의 말에 현중이 정색을 했다.

"뭘 그렇게 정색을 하시고. 농담입니다. 농담! 저도 그런 분위 기는 싫어해요."

현중은 흥분을 가라앉히고 석을 바라보았다. 이 친구도 제법 이라는 생각이 들었다. 현중은 아무 말 없이 머쓱한 표정을 지었 다. 그리고 보니 석의 발걸음은 본정통이 아니라 종로 쪽을 향하고 있었다.

"그런데 다쿠보쿠도 일본인인데 어째서 그 사람은 좋아하나요?"

"다쿠보쿠야 다르지 않소? 그가 쓴 시를 보시오. 일본인이지만 양심적이잖아요. 조선 침략을 반성하는 시도 쓰고 말이오."

"〈9월 밤의 불평九月の夜の不平〉 말씀이시군요. 침략자 이토 히로부미처럼 자신도 차라리 총에 맞아 죽는 게 낫다는……."

"오, 그 시를 알다니. 맞아요. 다쿠보쿠는 일본인이지만 제국주의를 정면으로 비판하니 참 대단하죠. 그렇지 않소? 그런 사람이 일본의 주류가 되었다면 조선을 식민지로 삼는 일도 없었을 텐데."

"그렇지요."

"다쿠보쿠 중에 어떤 시가 마음에 듭니까?"

석은 잠시 망설이더니 이내 시를 읊었다.

장난삼아 어머니를 업어 보고

너무나 가벼워 눈물을 떨구느라

세 걸음을 가지 못했네.

　　　　－〈나를 사랑하는 노래〉中에서, 이시카와 다쿠보쿠.

"아, 그 시! 감동적이지."

"누구나 경험할 수 있지만 시로 쓰기는 쉽지 않죠."

"어찌 됐든 살아 있다면 더 좋은 시를 많이 썼을 텐데, 너무 일찍 죽어 버려서 참 안타깝소. 그런 사람이 제 역할을 해 줘야 일본이 고삐 풀린 망아지처럼 굴지 않을 텐데. 요즘 일본이 너무 막 나가잖소. 놈들은 언젠가 중국을 통째로 먹으려 들걸?"

"저는 정치는 잘 모르겠고, 다쿠보쿠가 어머니와 고향을 떠올려 줘서 좋아요."

"고향?"

"네. 고향이요."

석은 다시 시를 읊기 시작했다.

동쪽 바다의 조그만 섬 바닷가 백사장에서

나 울다 젖은 채로

게와 어울려 노네

－〈나를 사랑하는 노래〉中에서, 이시카와 다쿠보쿠.

"제 고향이 바닷가 근처 산촌이라서 이 시도 마음에 와닿았죠. 울다 젖은 채 게와 어울려 노는 장면을 상상하면 영혼이 위로받는 느낌이랄까."

"다쿠보쿠의 열성 팬이시군. 앞으로 다쿠보쿠처럼 좋은 시를 쓰시겠군. 어쩐지 교정부에서 틀린 글자나 찾아내는 일을 하기에 아깝다는 생각이 들더이다. 교정부 일 지겹지 않소?"

"지겨울 때도 있죠. 그래도 원고 청탁도 하고, 외국 문학도 번역하고 저는 나름 만족하며 지냅니다."

어느새 해는 떨어져 주위는 어두워졌다. 수은등 하나 없는 저녁의 북촌 거리는 한산하기 이를 데 없었다. 종로 일대 북촌은 밤이면 그야말로 어둠이 지배했다. 일본인이 주로 거주하는 남촌이 가로등 불빛과 화려한 점포로 불야성을 이루는 것과 큰 차이가 있었다. 종로에도 화신 백화점이 있었지만 새로 짓느라 문을 닫아서 밤이면 사람들 발길이 뚝 끊겼다.

"그런데 대체 어디를 가는 거요?"

"이제 다 와 갑니다."

"밥 한 끼 얻어먹기 어렵소. 그러지 말고 저 앞에 선술집으로 들어갑시다. 난 그저 소주 한 잔이 급하오. 하하."

"조금만 더 가시죠. 좋은 곳이 있어요."

석은 어두운 골목을 옮겨 다녔다. 마치 자기 집 드나들 듯 익숙한 걸음이었다. 하지만 그 어디에도 그럴듯한 음식점은 보이지 않았다. 선술집도, 설렁탕집도 보이지 않는 거리. 갑자기 하수구 냄새가 역하게 올라왔다.

"좋은 데 간다더니 냄새가……."

"자, 이렇게 하세요."

석은 손수건을 꺼내 반듯하게 접어 코를 막는다. 석에게도 하수구 냄새는 불결해서 견디기 힘들었다.

"여기만 지나면 한결 나을 겁니다. 당국에서 조선인들 사는 북쪽은 정비를 안 해 주니 걱정이죠."

"그러게 말이오. 총독부가 조선 사람들 사는 것에 관심이 있겠소? 어떻게든 조선에서 돈이나 빼갈 궁리를 하겠지."

하수구 냄새가 사라지고 두 블록쯤 지나쳤을까. 모퉁이에 작은 불빛이 보였다. 한눈에 봐도 허름하기 이를 데 없는 낡은 객줏집 같아 보였다.

"장안 여관? 여기가 좋은 데란 말씀이오?"

"네. 여깁니다. 마침 거리 이름도 낙원정이니 얼마나 좋은 곳입니까? 낙원이 따로 없죠."

"사람 놀리기는. 좀 전에 봐 둔 설렁탕집이 있으니 그곳으로 갑시다. 나 원!"

"그러지 말고 절 따라오세요. 정말 좋은 게 있으니까요."

치열한 혁명가와 고요한 은둔자

"기별이라도 하고 오지. 신문사에 전화기도 없나?"

"불쑥 찾아오는 게 더 반가운 거 아냐?"

"온다고 귀띔하면 찬이라도 더 준비할 건데."

"준비는 무슨. 할머니 솜씨면 경성 바닥 어디라도 통할걸."

두꺼운 안경 너머에 세상 물정 모를 것 같은 어리숙한 눈빛의 한 사내가 석을 맞았다.

"내 방에선 견디기 힘들 테니 큰 방으로 가자고. 마침 할머님도 형님 댁에 가셨으니까."

"이 방엔 들어갈 생각도 안 했지. 토굴이 따로 없네. 좀 치우고 살아."

두 사람은 오랜만인지 안부 인사가 길었다. 그러자 옆에 우두커니 서 있던 현중이 두어 번 헛기침을 했다.

"그런데 이분은?"

"아참, 소개가 늦었다. 오늘 신문사 교정부로 발령 난 신현중 씨야."

"신현중입니다. 저녁 한번 얻어먹으려다가 여기까지 오게 됐네요. 하하!"

"신현중? 아, 신현중 씨라면 경성제대 그 신현중 씨?"

준은 놀란 듯이 작은 눈을 크게 뜨며 말했다. 준이 알고 있는 신현중은 몇 해 전 경성을 떠들썩하게 만들었던 독서회 사건의 주모자였다. 당시 경성제대 학생들이 조직한 독서회는 제국주의를 반대하고 일제 침략을 규탄하는 일종의 저항 조직이었는데[*] 그 주모자가 바로 신현중이었다.

현중은 놀란 준에게 넉살 좋게 웃으며 말했다.

"하하! 날 알아봐 주는 사람이 경성 바닥에 있었네요. 다 지난 일입니다. 이제 생활 전선에 뛰어들었으니 열심히 돈을 벌어야죠."

자신을 알아봐 준 까닭일까? 현중은 머릿속에 지난 일이 스치고 지나갔다. 그는 경성제대에 입학할 때만 해도 법률가가 되어 약자를 지키려던 꿈이 있었다. 하지만 법은 한계가 있었다. 법원

---

[*] 1931년 4월 신현중과 조규찬 등은 경성제대 독서회 소속 재학생들을 포섭해서 반제부를 결성하였고, 그후 법과 대학 재학생들을 중심으로 항일 학생 비밀결사 조직인 반제 경성 도시 학생 협의회를 만들어 일제 식민 지배에 저항하는 활동을 펼쳤다.

은 늘 일본 제국주의와 친일파의 편이었고 약자들의 이익은 뒷전이었다. 법률이 부조리한 현실을 합리화하는 건 아닌지 자괴감마저 들 정도였다. 그래서 뛰어들었던 일이 반제국주의 운동이었고, 그러다 일제에 발각되어 3년형을 살았다.

"형기는 다 마치신 겁니까?"

"그렇지요. 3년 동안 숙성되었다고나 할까요? 아무튼 생각이 바뀐 것은 아니니까요. 하하!"

"고생하셨네요."

"고생했죠. 그래도 거기 있다 보니까 유명한 분들을 많이 만나보게 되더군요. 하하! 도산 안창호 선생님도 뵀으니까요. 도산 선생님이 언제 나 같은 무지랭이를 만나 주겠소. 하하! 그런데 우리 밥은 언제 먹는 겁니까?"

"아, 이런 찬모더러 바로 준비하라고 이르겠습니다. 귀한 손님이 오셨군요. 인사가 늦었습니다. 허준입니다. 석이랑은 일본 유학 시절부터 알고 지냈죠."

"오, 다들 일본 유학파셨군."

밥상이 나왔다. 소복하게 쌓인 흰 쌀밥에 뜨근뜨근한 추어탕이 넘치도록 담겨 있었다. 쌀쌀한 저녁을 따뜻하게 덥혀 주기에 안성맞춤이었다. 도토리묵에 묵은 석박지, 도톰하게 썰어 낸 삶

27

은 돼지고기에, 물구지우림과 둥굴네우림까지 소박하고 정결한 음식이었다.

"어떻습니까? 좋죠?"

석이 현중을 바라보며 말했다. 현중은 아주 만족스러운 표정을 지어 보였다.

"따라온 보람이 있군요. 고향에 온 것 같소. 고향에……. 난 우리 흰 돌 씨가 너무 모던하길래 유명한 요릿집이라도 찾아가는 줄 알았지. 하하!"

"자, 좋은 자리에 술이 빠져서 되겠습니까? 이거 할머님께서 담가 놓은 찹쌀 탁주입니다. 한 잔씩 하시지요."

준이 탁주를 한 잔씩 따랐다. 준은 호탕한 현중이 마음에 들었다.

"그럼 출소는 얼마 전에 하셨겠군요?"

"딱 보름 됐습니다. 경성 햇살이 이제야 조금씩 적응이 되고 있어요. 그래도 걱정은 있어요. 앞으로 어떻게 지낼지……. 아, 다쿠보쿠 시에 이런 게 있었지. 우연인지 감옥에서 다쿠보쿠만 읽었지 뭐요."

현중은 석을 힐긋 보더니 이내 시를 읊었다.

까닭도 없이 기차에 타려는 마음뿐
기차를 내렸더니

갈 곳이 없네

– 〈나를 사랑하는 노래〉中에서, 이시카와 다쿠보쿠.

"내 심정이 딱 이 시 같소. 감옥에 있을 때는 무작정 밖으로 나가고만 싶었는데, 정작 밖에 나오니 갈 곳이 있어야지. 하하!"

"학교에 돌아갈 생각은 없나요? 졸업을 하는 게……"

"경성제대? 나는 이제 '제국'이라는 글자만 들어도 몸에 두드러기가 날 지경입니다. 괜히 법률가가 되어 본들 체제를 유지하는 소모품처럼 쓰일 텐데요. 그리고 무엇보다 돈이 없어요. 돈이."

현중은 자조적인 표정을 짓더니 허무하게 웃었다. 본래 현중의 집안은 못사는 형편은 아니었다. 그의 부친은 진주와 통영에서 공무원으로 근무하다가 현중이 경성제대에 진학한 후로는 자식을 따라 경성에 올라와 총독부에서 근무하고 있었다. 부유할 정도는 아니었지만 먹고사는 데에는 모자람이 없었다. 그런데 현중이 독서회 사건으로 수감 되자 부친은 총독부에서 파면당했고 집안은 기울어지고 말았다.

"결자해지라고 내가 일으킨 일이니 내가 마무리를 지어야죠. 학교로 돌아가 공부하는 것보다 집안 살림을 일으켜야 하지 않겠소? 하하! 실은 이 양복도 친구한테 빌려 입은 거라오. 하하!"

현중의 목소리는 카랑카랑하고 당당했지만 어딘지 모르게 쓸쓸한 구석이 있었다. 자신의 신념에 따른 일을 수행한 까닭에 후회는 없었지만 아버지가 파면당하고 집안이 쓰러져 가는 걸 지켜보니 그도 적잖은 속앓이를 했던 것이다.

현중은 술이 몇 잔 들어가자 말이 많아지기 시작했다.

"난 그래도 말이오. 빈껍데기 모던 보이는 싫소. 며칠 전에 경성제대 졸업하고 검사보로 일하는 친구 녀석이 내가 출소한다고 찾아왔었죠. 월급이 200원이라고 했나? 우리 세 배는 되겠군. 나더러 얼른 졸업해서 모던한 생활을 즐겨 보라고 하더군요. 그러더니 출소 기념이라고 남촌에를 데려가더라고. 휘황찬란하더구만. 난 카페라고 해서 차나 한 잔 하는 줄 알았지 뭐요. 젊은 사람들이 잔뜩 모여서 시답잖은 농담이나 하고 맥주를 마시며 엉덩이를 흔들어 대는 게 영 못 봐주겠더군. 모던 보이, 모던 걸이 아니라 못된 보이, 못된 걸처럼 보이던걸. 하하!"

"경성에 겉모습만 모던한 치들이 많기는 하죠. 정신은 비어 있지만……."

"맞소. 지금은 딱 타락하기 좋은 시절이지. 가만 허준이라 했소? 무슨 일을 하시오?"

"저 말입니까?"

준은 갑작스러운 질문에 대답을 못하고 빙긋이 웃기만 했다.

"이 친구 호세이 대학에서 공부하다 얼마 전 귀국했어요. 능력 있고 뛰어난 글재주를 가졌죠."

석이 준을 대신해서 말했다.

"실없는 소리는."

준은 부끄러운 눈빛을 띠더니 술잔을 만지작거렸다.

"아, 그럼 작가?"

"시를 쓰고 있습니다."

"아, 시. 어려운 걸 택하셨소. 감정이 메말라 버린 시대에 시를 쓰다니 용감하군요. 요즘은 아이나 어른 할 것 없이 〈낙화유수〉* 같은 유행가나 부르지 제대로 된 시 한 편 읽으려 하지 않는 세상인데."

준은 쓴웃음을 지었다. 현중의 말처럼 사람들은 더 이상 진지한 것을 찾지 않기 때문이었다.

"학생도, 지식인도 책을 읽기는 읽나? 다들 영화만 보려고 하지. 조선 극장이나 단성사 같은 데는 줄이 어마어마하다고 하던데. 먹고살려면 영화를 해야 할까 봐요. 하하! 농담이오! 농담!"

준은 뭐라고 말해야 할지 당황스러웠다.

"저야 남들이 알아주든 말든 내 생각을 글로 쓰는……."

● 　　　1930년대 가장 유행했던 대중가요다.

"훌륭해요. 어려운 시절에 대단한 결심을 하셨소."

현중은 어느새 진지한 얼굴로 준에게 말했다. 하지만 이내 장난기 가득한 표정이 되어 준에게 다시 묻는다.

"그럼 밥벌이는 어떻게 하시고? 난 요즘 통 밥벌이에 관심이 많아서 말이오. 이거 너무 실례되는 질문인가?"

"이곳에서 외할머니를 도우면서 지냅니다. 저는 한가롭게 글만 쓰면 그뿐이죠. 세상일에 관심이 없어서요."

"그렇군요. 대학에서는 문학을 전공했겠군. 영문학? 아니면 러시아?"

"저도 학교를 마치지 못했습니다. 어차피 글 쓰는 일이 대학을 나와야 하는 것도 아니고."

"아, 이거 동지를 만났군. 우리 졸업 못 한 사람끼리 한잔 합시다. 중퇴자들끼리 한잔 해야죠. 하하!"

준은 거침없는 현중이 마음에 들었다. 어딘지 자신은 갖지 못한 과감한 결단력이 있는 것 같았다.

"앞으로 좋은 글 부탁합니다. 허준 시인! 내가 원고를 잘 살펴 드릴게. 하하! 말단 교정부 직원이 마치 학예부장이라도 된 것처럼 건방을 떨었군. 하하!"

"저보다는 석이가 진국이에요. 4년 전에 신춘문예로 등단까지 마쳤으니까요."

"네? 우리 흰 돌 기자가? 4년 전이면, 가만, 그럼 열아홉에 등단을 했단 말이오? 이거 놀라운걸!"

현중은 눈을 동그랗게 뜨고 석을 바라봤다. 세상 물정 모른 채 겉모습만 꾸미는 철없는 애송이는 아닐까 의심했는데 숨은 실력자라는 생각이 들었다.

"소설가에, 시인에 오늘 내가 대단한 분들을 만나고 있었군요. 영광입니다. 하하!"

준은 석에 대해서 조곤조곤히 말을 잇기 시작했다. 석이 오산 고보를 졸업하고 장학생으로 뽑혀 일본의 아오야마 가쿠인 대학에서 영어사범과를 졸업했다는 것이며, 본래 영어 선생을 하려다 신문사 사장 요청으로 교정부에 취직을 했다는 것, 영어뿐 아니라 독일어와 러시아어까지 두루 익혔다는 것도 차분하게 전했다.

"참 지난 번에 번역했던 〈조이스와 아일랜드 문학〉*은 인상 깊었어. 석이 네가 지향하는 문학이 뭔지 짐작 가던걸."

"별소리를……."

"《율리시즈》보다 《젊은 예술가의 초상》이 더 훌륭하다고 했

---

* 백석이 번역했던 글로 아일랜드 출신 제임스 조이스에 대한 비평문이다. 그의 작품 중 〈율리시즈〉는 보편적인 세계관을 지녔지만, 〈젊은 예술가의 초상〉은 아일랜드적이었다는 내용이 주를 이룬다.

지? 평소 네 생각을 읽는 것 같았다니까. 《젊은 예술가의 초상》
이 아일랜드 느낌을 더 잘 살렸다고 했지?"

"그게 어디 내 생각인가? 번역만 한 건데."

"네 생각이랑 맞으니까 번역을 했겠지. 민족성을 표현한 글이
더 좋다면서?"

준은 석이 번역했던 〈조이스와 아일랜드 문학〉을 꼼꼼히 읽었
었다. 언젠가 소설을 써 보겠다는 의지가 있었기 때문이었다. 준
의 말처럼 그 글은 백석의 문학관과도 잘 맞아떨어졌다. 아무리
식민지로 전락하더라도 민족 고유의 정체성을 지켜야 한다는 주
장은 평소 백석의 문학적 신념이기도 했다.

세 사람은 자연스럽게 조선의 문화에 대해 의견을 주고받았
다. 대화는 주로 현중이 이끌었다. 그는 저급한 소비문화가 조
선의 정신을 죽이고 있다고 했다. 그도 그럴 것이 경성은 곳곳에
향락적인 소비가 널리 퍼지고 있었다. 미쓰코시 백화점, 조지아
백화점에 젊은 여성들이 몰리고, 카페에는 동경 유학생들이 하
루 종일 노닥거리며 시간을 보내고 있었다.

돈 좀 있는 이들은 고리대금업을 하거나 대놓고 친일하는 이
들이 많았는데, 이들은 돈을 물 쓰듯이 썼다. 모던 걸을 끼고 백
화점에 가서 고급 화장품과 시계, 보석을 사 주며 히히덕거렸고,

양요릿집에 가서 마치 서양 사람 흉내라도 내듯 스테이크를 즐겼다. 어느 만화가가 이들을 두고 침몰해 버린 나라를 외면한 채 구멍 뚫린 뱃속에 버터칠만 해 댄다고 비꼴 정도였다. 그들은 하루 30전 벌이도 버거운 조선 사람들의 생활은 안중에도 없었다.

세 사람은 마치 의기투합이라도 한 듯 계속 잔을 부딪쳤다.

"이거 찹쌀 탁주가 남아나질 않겠는데요."

"그런데 우리 흰 돌 기자님은 나보다 두 살 아래고, 허준 시인은 나이는 어떻게 되시오? 두 사람이 서로 말 튼 걸 보니 동갑인 것 같기도 하고."

"제가 두 살 더 많습니다. 나이를 따져 뭘 합니까? 뜻만 맞으면 그만이지."

허준도 취한 기운이 올라왔는지 평소보다 더 밝고 경쾌한 말투였다.

"하하! 맞소. 나이, 계층, 지위 이런 게 다 무슨 소용이오? 그런데 두 사람만 말을 트고 지내니 내가 섭섭한걸? 나도 이제부터 말 좀 트고 살자고. 어때?"

현중은 여관방이 울릴 만큼 크게 소리를 질렀다.

어느새 취기가 오른 석도 맞장구를 쳤다.

"난 손해 볼 게 없지. 내가 가장 어리니까. 좋아. 이제 다들 말 트고 지내는 걸로!"

세 사람은 다시 탁주를 가득 부었다. 현중도, 석도, 준도 모두 오랜만에 마음 맞는 사람과 어울리는 느낌이 들었다.

치열하게 제국주의에 맞서 왔던 현중과, 고요한 은둔자 준, 그리고 사슴처럼 순하고 멋스러운 석까지 다들 자신만의 개성이 뚜렷한 사람들이었다. 가난하고 외롭고 쓸쓸하지만 높은 정신성을 지닌 세 사람은 가까운 벗이 되지 않을 수 없었다.

수선화처럼 연약하고 아름다운 슬픔

따르릉. 따르르릉. 따르르릉.

교정부 사무실에 전화기가 울려 댔다. 석은 모른 체하고 원고에 집중했다. 마감 시간이 얼마 안 남은 원고의 교정을 보고 있었다.

"아이참, 백석 씨 전화 좀 받아요. 누군 안 바쁜가? 바로 코앞에 전화기 두고서."

"전화 좀 받지. 아까도 울리다가 끊어졌잖나."

교정부장의 싸늘한 말소리가 들려왔다. 석은 그제야 고개를 들었다. 마치 무슨 일이 있었냐는 듯 시치미를 떼고 고개를 양옆으로 두리번거렸다. 그러다 그제야 전화기가 울리는 것을 알아차리기라도 한 듯 시선을 전화기 쪽으로 돌렸다. 하지만 곧바로 수화기를 들지는 않았다.

석은 바지 주머니에서 손수건을 꺼냈다. 주변에서는 한심하다는 듯이 바라봤다. 멀찌감치 떨어진 직원이 답답해하다가 전화를 대신 받으려고 일어서자 과장이 가만히 있으라는 손짓을 한다. 석이 어떻게 하는지 두고 보자는 심사였다.

석은 울리는 전화를 받는 대신 손수건을 꺼내 수화기를 닦기 시작했다.

"정말 재수 없네. 뭘 믿고 저러는 건지. 사장 믿고 저러겠지."

석은 수화기를 다 닦고 난 뒤 엄지와 검지, 중지 끝으로 잡힐 듯 떨어질 듯 수화기를 집어 들었다. 결국 전화는 끊어졌고, 석은 수화기를 내려놓았다.

"어이, 백석! 중요한 전화면 어쩌려고 그러는 거야?"

참다못한 과장이 결국 한마디 했다.

"중요하면 다시 전화하겠지요."

"또 한심한 소리한다. 나 원 참!"

과장은 답답했지만 한두 번도 아니어서 그냥 참을 수밖에 없었다. 석이 신춘문예 당선자 출신에, 동경 유학에, 사장이 특별 채용한 친구였고, 겉만 화려한 게 아니라 교정이면 교정, 번역이면 번역을 워낙 깔끔하게 하니 그의 결벽증적인 습관을 두고 왈가왈부할 수가 없었다.

사무실 분위기가 싸늘해졌고 여기저기서 수군거리는 소리가 들렸다. 석은 아랑곳하지 않고 다시 자기 일에 집중했다.

석은 교정부 사람들과 어울리지 않았다. 무엇보다 직원들의 스타일이 싫었다. 석은 스타일이 자기를 드러낸다고 여겼다. 그래서 머리 스타일도 넥타이도, 구두와 양복도, 심지어 양말 신는 것도 공을 들였다. 그런데 교정부 직원들은 막 잠에서 깬 사람들처럼 차림이 형편없었고, 일주일, 아니 한 달 동안 같은 양복을 입는 사람조차 있었다. 부스스한 얼굴에 오래 씻지 않아 목덜미에 시커먼 때가 앉은 사람을 보면 같은 사무실에 앉아 있는 게 고역이었다.

석은 사무실 손잡이를 열 때마다 손수건을 꺼내 깨끗이 닦았고, 자리에 앉자마자 책상 위를 말끔히 정돈했다. 사무실 전화기를 만지는 것도 꺼려서 가까운 곳에 전화기가 있었지만 제대로 받은 적이 거의 없었다. 석은 동료들이 아무리 수근거려도 전혀 개의치 않았다.

사무실 문이 열렸다. 반가운 얼굴이었다. 지난 1월에 교정부에서 사회부로 옮겨 간 신현중이었다. 현중이 경성제대 법학과 출신이라 신문사에서도 큰 기대를 가진 모양이었다. 현중은 사회부로 자리를 옮겼지만 퇴근하면 어김없이 석을 찾아왔고 두 사람의 발길은 자연스럽게 허준에게로 향했다.

셋은 퇴근 후면 늘 어울려 지냈는데 무슨 일인지 지난 일주일 동안 현중이 통 얼굴을 비치지 않았었다.

"석아, 형님 왔다. 사무실 분위기가 냉랭한 걸 보니, 전화가 몇 번 끊긴 모양이지? 적당히 하지 그랬어? 네 주변에 살벌한 눈빛 봐라. 얼른 나가자."

"무슨 일 있어?"

"일은 무슨 일? 답답한 교정부에서 널 구원해 주려는 거지."

현중은 별스럽게 석에게 귀엣말로 소곤거렸다. 둘은 자연스럽게 앞뜰로 나섰다.

"나, 약혼했다."

"뭐? 약혼이라니?"

"뭘 그리 놀라?"

"안 놀라겠어? 모든 게 참 빠르네. 출소한 지 보름만에 신문사 입사, 곧바로 사회부 전근, 거기다 약혼이라니?"

"그렇게 됐어."

"누군데?"

"김자옥."

"김자옥? 그게 누군데?"

"김준연 씨 딸."

"김준연 씨 딸이라고?"

백석은 두 눈이 휘둥그레졌다. 낭산 김준연*이라면 사회 운동의 거물이 아닌가. 김준연은 조선 공산당 사건으로 7년 동안 형무소에 수감돼 있다 얼마 전 출소해서 〈동아일보〉 주필을 맡은 사람이었다.

"내가 서대문 형무소에 있을 때 뵈었었지. 그분이 날 좋게 여기셨나 봐."

"이거 너무 놀라워서. 우선 축하해."

현중의 얼굴에는 자신감이 물씬 풍겼다. 워낙에 야심이 있는 사람이라 결혼도 자신의 뜻을 펼칠 기회로 여기는 것 같았다.

"나도 당황스러웠지. 원체 갑작스러워서. 그냥 하시는 말씀인 줄 알았단 말이야. 그런데 그분이 계속 말씀을 하시는 거야. 자네가 내 딸을 책임져 달라고 말이지. 하하! 어쩔 도리가 있어야지. 존경하는 분께 계속 거절할 수도 없고 말이야. 나도 딱히 마음에 두는 사람도 없고 딱 좋았지. 김자옥 씨가 철없는 모던 걸도 아니고."

"아직 한 번도 안 만나 본 거야?"

● 김준연(1895~1971)은 동경제대 법학부와 베를린 대학에서 정치와 법학을 연구했다. 귀국 후 〈조선일보〉 모스크바 특파원으로 근무했고 신간회 일에도 관여했다. 한때 조선 공산당 책임 비서를 맡았으며 이 일로 7년 동안 수감되었고 출감 후 〈동아일보〉 주필을 지냈다.

"아니. 만나 봤지. 아무렴 내가 집안만 보고 결혼을 하겠냐? 지금이 어느 시절인데. 어른 댁에 들를 때마다 봤는데 조선 여자 중에 그만큼 아름다운 여자를 본 적은 없지. 하하! 게다가 차분하고 수수해 보이더군. 너무 아름다워서 더 꾸밀 필요가 없으니까. 장차 신현중 아내 될 사람으로 의지도 강해 보였고. 요즘 같은 때 정신 똑바로 된 여자를 구하는 게 어디 쉽나?"

"내내 안 보이더니 청춘사업하러 돌아다녔군."

석은 갑자기 현중이 낯설게 느껴졌다. 또, 한편으로는 부러웠다. 현중은 또다시 장난스러운 표정을 짓더니 말을 이었다.

"놀라지 마라."

"아니 또 놀랄 게 있어?"

현중은 다시 능글맞은 웃음을 지어 보이며 말을 이었다.

"준이도 곧 결혼해."

"뭐? 준이가."

"하하! 그렇게 됐다."

"엊그제 만날 때도 아무 말 없었는데, 누구랑 결혼한다는 거야."

"준이 녀석 쑥스러워서 너한테는 아무 말도 안 한 모양이군."

"도대체 누구랑 결혼한다는 거야?"

"내 동생 순영이랑."

"뭐라고?"

"놀라긴. 우리 순영이가 나이가 스물넷인데, 혼인을 해야 하지 않겠어. 더 늦으면 결혼도 어렵고. 그래서 여기저기 물색을 해 봤지. 그러다 준이랑 네가 떠오르더라. 이런 험한 세상에 믿을 만한 놈이 있어야지. 그런데 넌 나이가 어리잖아. 준이가 두 살 위니까 준이한테 먼저 물어본 거야."

"뭐라고? 완전히 자기 마음이네."

"어서어서 결혼도 하고 애도 낳고 사람 노릇 해야지. 너도 기다려 봐. 내가 얼른 나서 줄 테니. 하하!"

"온통 자기 멋대로군."

현중은 마치 시위에서 벗어난 화살처럼 목표를 정하면 무작정 돌진하는 스타일이었다. 그는 마음만 먹으면 무슨 일이든 곧장 실행에 옮겼다. 동생 결혼도 그랬다. 그는 아버지를 대신해 동생을 어서 혼인시켜야겠다고 마음먹자, 자기 주변 사람을 수소문했고, 허준이 낙점이 된 것이었다. 동생 순영도 마음에 둔 사람이 딱히 없어서 오빠의 말을 거부감 없이 따랐다.

갑작스러운 현중의 제안에 준도 처음에 당황했다. 하지만 현중의 제안을 무시할 수는 없었다. 고향에서는 준에게 결혼하지 않는다고 성화가 이만저만이 아니었다. 그러던 차에 현중이 동생을 소개해 준 것이다.

"준이랑 순영이 다음 달이면 혼인할 거야."

"뭐? 그렇게 빨리."

"뭐 어때? 이미 짝이 다 정해졌는데, 늦으면 늦을수록 우리 순영이 나이만 차는걸."

석은 기분이 얼얼했다. 무엇보다 준과 현중이 자기를 따돌리는 것처럼 느껴져 서운한 마음이 들었다.

"혹시 너 혼자 두고 우리만 혼인한다니까 서운한 건 아니지?"

"서운하기는. 결혼이라는 족쇄가 부러울 리가?"

"표정이 영 서운한 모습인걸. 기다려 봐. 너한테 좋은 인연을 소개해 줄 테니."

"인연은 무슨. 내 인연은 내가 알아서 할 테니 혼인 준비나 잘해."

석은 기죽지 않으려는 듯 대꾸했지만 어쩐지 말꼬리에 기운이 없었다.

석은 이성에 대한 관심이 많지 않았다. 오산고보를 다닐 때도, 동경에서 유학을 할 때도 그건 마찬가지였다. 동경 시부야 거리에서 다른 유학생들이 일본의 모던 걸과 어울릴 때도 석은 한 번도 그들과 가까이하지 않았다. 향락에 빠져 뿌리 없는 꽃처럼 공중을 떠도는 이들을 석은 무척 혐오했었다.

무엇보다 석은 마음을 움직이는 사람을 아직 찾질 못했다. 석은 남들처럼 집안을 보고 결혼하거나 부모님이 결정해 주는 결혼은 하기 싫었다. 자기 삶을 결정하지 못하는 것은 석이 바라는 모던이 아니었다. 설렘과 울림이 없는 만남은 공허할 뿐이고 떨림과 긴장이 없는 평온은 지루할 뿐이었다. 행여 슬픔이더라도, 혹은 불행이나 절망의 씨앗을 품었어도, 그러다 마침내 자신을 타락시킬 죄를 짓더라도 석은 마음을 움직여 줄 누군가를 기다리고 있었다.

초여름 경성에는 보슬비가 내렸다. 사람들이 비를 피해 바쁘게 오가는 태평로. 그곳에 새로운 신문사 건물이 어느새 번듯하게 들어서 있었다. 기존의 2층 건물 대신 최신식 5층 건물로 신문사가 옮겨 간 것이었다. 금광으로 일약 부자가 된 사장이 큰 투자를 한 셈이었다.

"보슬비가 오는군. 준이 결혼에 맞춰 신문사 건물도 새로 생기고. 뭔가 좋은 조짐이야. 석아! 이제 그만 교정부에서 나오지 그래? 재주가 아까워."

"나도 그럴 생각이야. 이번에 신문사에서 출판부를 만든다고 하더라고. 잡지도 창간하고 말이야."

"이야기 들었어. 이제 슬슬 가 봐야지. 새신랑 준이가 눈 빠지게 기다리겠다. 서두르자고!"

준이와 신순영은 현중이 의도한 대로 곧장 결혼식을 올렸다.

당사자들보다 마음만 먹으면 끝장을 보는 현중이 밀어붙여 이루
어진 일이었다.

"뭘 그렇게 서둘러?"

"서두를 일이 있지. 훌륭한 처자들이 우릴 기다리고 있으니까.
통영 미인들이 얼마나 훌륭한지 한번 보면 미친 듯이 빠져들걸?"

"통영 미인이라니?"

"응. 결혼식 하객으로 순영이 친구들이 오는데 죄다 통영 출신
이야. 우리 가족이 한때 통영에서 지내지 않았어? 그때 우리 큰
누님이 통영 소학교에서 가르쳤던 제자들이 경성으로 유학을 왔
더군. 그 친구들 어릴 때부터 순영이랑 가깝게 지냈거든."

"인연 한번 대단하군."

"아무튼 다들 경성까지 와서 전문학교를 다니는 모양이야. 이
따 보면 넋을 잃을 거다. 하하! 곱기가 이루 말할 수 없지."

"난 관심 없어. 그저 준이 친구로 참석할 뿐이지."

"알았어. 알았다고! 그래도 그 친구들을 보면 생각이 달라질
걸. 가만! 와, 오늘 스타일 좋은데. 관심 없다더니 쫙 빼입었군.
역시 백석이야. 하하!"

두 사람은 낙원정 장안 여관으로 향했다. 그곳에서는 결혼식
에 앞서 지인들끼리 축하 회식 자리가 펼쳐졌다. 신랑 측 손님은
신현중과 백석이었고, 신부 측 손님은 김천금, 김윤연, 박경련이

었다. 이들은 현중의 누님 신순정이 통영에서 교사로 근무할 때 가르치던 제자들이었다. 지금은 경성에 올라와 각각 이화여고보, 경기여고보를 다니고 있었다. 이들 중에는 박경련의 외사촌 서숙채도 자리를 함께했는데, 박경련이 가회동 외삼촌 댁에서 지내는 까닭이었다.

"어이, 준이. 인물이 아주 훤하구만. 이제 어엿한 새신랑이야. 진작에 순영이 소개해 줄걸. 하하!"

"놀리지 말게. 아무튼 고마워. 내 신세에 이렇게 좋은 배필을 만나게 될 줄은."

뒤늦게 들어온 준은 쑥스럽지만 들뜬 목소리로 말했다.

"가만. 이제 나한테 형님이라고 해야 하지 않나? 동생 남편이면 나더러 형님! 형님! 해야 하는 거 아냐? 하하! 따라서 한번 해 보게. 형님이라고 말이야. 하하! 안 그런가? 그럼 난 널 뭐라고 불러야지? 허 서방? 아, 허 서방이군! 허 서방!"

"그만 놀리세요. 준이 씨가 순영이한테 화풀이라도 하면 어쩌려고 그러세요."

저만치 앉아 있던 경기여고보 김천금이 현중을 보며 장난기 있는 얼굴로 한마디 한다. 곁에 있던 김윤연이 까르르 웃는다. 서숙채와 박경련은 조용히 미소만 짓고 있다. 낯선 사내들에게 부끄러운 모양이었다.

"그런데 저기 앉은 분은 머리가 정말 세련되셨네요. 호호! 진고개에 가 봐도 저런 인물은 없을걸."

김천금이 반대편에 떨어져 앉은 백석을 보며 눈을 동그랗게 뜨고 호들갑스럽게 말한다. 그 말에 석은 어느새 얼굴이 붉어졌다. 석은 방에 들어서면서부터 눈빛을 어디에 둬야 할지 몰랐다. 한방에서 이렇게 가깝게 이성을 만나는 일이 석에게는 몹시 낯설었다.

"이 친구야말로 아껴 둔 보물이지. 난 이미 약혼해서 임자가 있는 몸이니 욕심내지 마시고, 우리 모던 보이한테 관심들 가져 주시오. 하하!"

현중이 특유의 너스레를 떨었다. 그러자 김천금과 김윤연은 호들갑스럽게 웃으며 석에게 관심을 보였다. 석은 그저 말없이 술잔을 만지작거리다 자기를 바라보는 김천금의 시선을 애써 외면하며 고개를 돌렸다.

그때였다. 검은 머리를 정갈하게 가르마를 타고, 두 눈이 크고 까만, 코가 높고 목선이 고운, 밝고 옅은 웃음을 띤, 수줍은 얼굴이 눈 속에 환하게 들어왔다.

박경련, 박경련, 박경련……. 그녀는 봄날 바람결에 하늘거리는 수선화처럼 곱고 아름답고 연약한 슬픔이 깃든 것처럼 보였다. 석의 가슴은 자신도 모르게 두근거렸다. 한 번도 느껴 보지 못한 낯선 설렘이었다. 자기를 지켜왔던 모든 경계를 단번에 무너뜨리는 부드럽고 부끄러운 눈빛, 어두운 밤하늘 가느다란 그믐달처럼 그것은 꽉 막힌 사내의 마음에 고요히 스며들었다.

석은 박경련을 바라보며 어쩐지 낯익은 슬픔을 느꼈다.

그녀의 표정은 어느 바닷가 외딴 마을, 이름 모를 여인의 초상과 자연스럽게 겹쳐졌다. 일본 유학 시절, 졸업을 앞두고 바닷가를 여행하다 가키사키라는 작고 외딴 마을에 들른 적이 있었다. 그곳 낡은 여관에는 새벽달처럼 얼굴이 하얀 한 젊은 여인이 장기 투숙을 하고 있었다. 그녀는 저녁상에 오른 참치회조차 넘기지 못할 만큼 병이 깊었는데, 그녀의 병든 눈빛이 서럽도록 고와서 오랫동안 잊히지 않았었다. * 그때 그 가키사키에서 보던 슬프고 하얗던 여인의 인상이 묘하게 박경련에게서 보였다. 그늘 속에 자라나는 풀처럼 은밀한 슬픔을 감추고, 고귀한 사랑마저 남몰래 숨긴 듯한 얼굴빛, 그것이 박경련의 첫인상이었다.

창밖에 보슬비가 내리고 객줏집에 모인 친구들은 이야기꽃을 피웠지만 백석은 경련의 눈빛에 최면이라도 걸린 듯 아무 말 없이 그저 술잔만 기울이고 있었다.

---

* 　백석의 〈시기의 바다〉를 활용한 구절이다.

굴 껍지처럼 말없이 사랑하다 죽는다는 천희

바닷가 마을은 바람 맛도 짭짤하고 물맛도 짭짤했다.

현중과 준, 그리고 석은 통영까지 동행했다. 결혼식이 끝나고 준이가 처가 어른들께 인사하러 가는 길을 현중과 석이 따라나선 것이었다. 현중은 어린 시절 통영에서 자란 까닭에 일가 분들이 그곳에 있어서 이번 기회에 어른들께 인사를 드리러 동행하는 것이었고 백석의 속셈은 다른 데에 있었다.

석은 수선화처럼 아름답고 수줍은 미소의 박경련을 잊을 수가 없었다. 그녀의 정돈된 자태는 맑고 깨끗한 곳에서 자라는 정결한 난초와도 같았다. 그런 그녀가 얼마 전 방학을 했으니 아마도 통영에 내려갔을 것이었다.

"통영에 같이 갈 텐가?"

현중이 시치미를 떼고 물었을 때, 석은 두말하지 않고 따라나섰다. 현중은 회식 때 백석이 여느 때와 사뭇 다른 시선으로 경련을 유심히 바라보던 것을 눈치채고 있었다.

"네 속셈을 모를 줄 알고?"

"무슨 속셈?"

현중은 특유의 능글맞은 웃음을 짓더니 더는 참지 못하겠다는 듯 말했다.

"경련이를 마음에 두고 있잖아. 석이 네가 경련이를 바라보는 눈빛이 예사롭지 않더라고. 엊그제 방학이라 경련이도 통영에 내려가 있을 테니, 경련이 보러 통영에 따라간다는 거겠지."

"눈치는……. 그래, 란이를 보러 가는 거야."

"란이라니? 그게 누구야?"

준이 놀란 눈으로 석을 바라보았다.

"누구긴 누구야. 내 연인이 될 사람이지. 연인을 가리키는 나만의 애칭이야. 사랑할 사람을 다른 사람처럼 밋밋하게 부르면 되겠어?"

석은 전에 없이 자신감 넘치는 목소리로 경련을 마음에 두고 있다는 걸 밝혔다. 그건 부끄러운 일이 아니었다.

"사랑꾼이 따로 없네. 역시 모던 보이라니까."

현중은 또다시 너스레를 떨었다.

통영으로 가는 길은 쉽지 않았다. 경성 역에서 경부선 열차를 타고 가다 부산 근처 삼랑진 역에서 또다시 기차를 갈아타야 했다. 열차는 낙동강, 유림정, 진영, 덕산, 창원, 구창원 역을 지나 마산에 닿았다. 그리고 그곳에서 하루에 한 번 다니는 뱃길로 통영에 닿을 수 있었다.

여름날 통영은 초록빛 바다의 선연한 아름다움을 고스란히 내뿜고 있었다. 조개껍질이 널린 모래사장에는 잔잔한 실물결이 밀려왔다 밀려 나가고, 물새들은 도시를 낮게 낮게 날아다니고 있었다.

마치 어디선가 본 풍경이었다. 그렇다. 가키사키. 일본의 작은 바닷가 마을. 그 모습이 통영 바닷가와 묘하게 겹쳐 보였다. 그때 그 여인은 지금쯤 어찌 됐을까. 석은 여인의 슬픈 초상이 떠올랐고, 란이의 슬프도록 하얀 얼굴과 겹쳐졌다.

안타깝게도 백석의 란은 통영에 있지 않았다. 회식 때 함께했던 친구들은 고향에 내려왔건만 박경련과 서숙채는 여전히 경성 가회동 외삼촌 댁에 머물고 있었다.

"낭패로군."

경련의 집에 기별을 넣었던 현중이 아쉬운 목소리로 말했다.

"아직 경성에서 안 왔다는데."

"별 수 없지."

석은 준이와 현중을 따라나설 때 란을 만날 거라고 기대하지는 않았다. 달리 약속한 것도 아니었고 무작정 찾아가는 게 무리인 줄도 알았다. 다만 우연이나마 그녀를 볼 수 있다면 그것으로 만족하겠노라고 여겼다. 그런데 막상 란이 없자 마음이 허전했다.

"석아, 너무 상심하지 마. 통영 처니가 어디 란이밖에 없을라고!"

"천희?"

"그래 처니. 처녀를 뜻하는 통영 사투리지."

"아, 처녀. 난 됐네."

"그러지 마. 이곳 처니들은 조선 땅에서 가장 아름답고 지조가 있지. 내가 어릴 때 이곳에 살아 봐서 잘 알잖아. 배 타고 나간 기약 없는 정혼자를 잊지 못해 처니로 늙어 가는 여인들이 어디 한둘인가. 그러니 통영 처니라면 누구라도 한번 만나 봐. 내가 보증하지. 하하!"

현중은 또다시 너스레를 떨었다.

"됐어. 난 그저 란이 사는 곳이 어떤 곳인지 아는 걸로 충분해. 란이 고향 냄새만 맡아도 괜찮다고. 오랜만에 비릿하고 짠 냄새 맡는 것도 좋고."

석은 허전한 마음을 숨기며 애써 담담한 듯 말했다. 그러면서 한편으로 석의 마음 한구석에 묘한 감정이 일기 시작했다.

'기약 없는 정혼자를 끝내 잊지 못한다? 그럼 란의 마음만 얻

는다면, 평생 나만 바라보고 산다? 절대 놓치지 말아야겠군.'

석은 란을 만나지 못한 허전한 마음을 달래려고 홀로 바닷가를 거닐었다. 짭짤한 바다 냄새와 바위를 간지럽히는 찰랑거리는 파도를 바라보자 차츰 마음이 가라앉았다.

한참을 걷는데 뭔가 눈이 부시게 반짝거렸다. 바위틈 곳곳에 박힌 하얀 굴 껍질이 햇살에 반사된 것이었다. 가까이 다가가자 바다 물기를 머금은 껍질 조각이 누군가 애써 만든 자개 문양처럼 아름답게 자태를 뽐내고 있었다. 석이 손으로 굴 껍질을 떼어 내려 했지만 그것은 바위에 꽉 엉겨 붙어 조금도 흔들리지 않았다. 바위틈에는 미역 가닥도 군데군데 바짝 말라붙어 있었다. 그것들 역시 바위와 사랑하듯 절대 떼어지지 않을 것 같았다. 마치 못다 한 사랑을 위해 평생을 홀로 지낸다는 통영의 처녀처럼.

"미역 오리같이 말라서 굴 껍질처럼 말없이 사랑하다 죽는다?"

석은 자신도 모르게 중얼거렸다.

석은 통영의 처녀들을 위한, 또 자신의 천희를 위한 글을 한 편 남겨야겠다고 생각했다. 그는 머릿속에서 한 편의 시를 떠올렸다. 그 안에 통영의 처녀도, 자신의 란이도, 아름다운 통영의 바다와 그것들이 만들어 내는 사랑의 꿈도 담아내고 싶었다.

옛날엔 통제사가 있었다는 낡은 항구의 처녀들에겐 옛날이 가
지 않은 천희라는 이름이 많다

미역 오리같이 말라서 굴 껍지처럼 말없이 사랑하다 죽는다는

이 천희의 하나를 나는 어느 오랜 객주집의 생선 가시가 있는
마루방에서 만났다

저문 유월의 바닷가에선 조개도 울을 저녁 소라방등이 불그레
한 마당에 김 냄새 나는 비가 나렸다.

-〈통영〉, 백석.

비록 란을 만나지는 못했지만 통영을 오간 일은 첫사랑처럼
오래 남을 것 같았다. 그곳에는 시도, 사랑도, 잃어버렸던 고향
도 일렁이는 파도처럼 되살아나고 있었다.

통영은 석에게 잊고 지낸 바다를 떠올리게 했다. 석의 고향은
평북 정주군 갈산면 익성동. 바닷가 포구는 아니었지만 언제라
도 마음만 먹으면 짭조름한 향내 나는 바다로 갈 수 있는 곳이었
다. 한동안 석은 바다를 잊고, 마을의 고개와 언덕을 잊고, 정겨
운 흙과 따뜻한 강과 순한 짐승들을 잊고, 가족과 친지를 잊고 살
았다. 번화한 경성의 도시살이에 묻혀, 신문사에 적응하고 새로
운 친구와 시인과 소설가를 만나며 옛 자신을 외면하고 있었다.

통영에 다녀오는 길에 석은 잊고 지낸 것들을 떠올렸다. 따가

운 햇볕을 받으며 길가를 졸레졸레 지나치는 새끼 돼지들과, 괴나리봇짐을 벗어 둔 채 한가롭게 낮잠을 즐기는 늙은 행상꾼, 곳간 마당에 조잘거리는 배고픈 어린아이들의 모습을 보며 석은 따뜻한 슬픔과 그리운 연민을 오랜만에 느끼고 돌아왔다.

경성에 올라오자마자 석은 시를 쓰기 시작했다. 전에 시작했던 소설 연재가 끝나고 마음이 한결 가벼워진 뒤였다.

"부장님! 이거 한번 봐 주시겠어요?"

"오호! 신문사에서 가장 뛰어난 문장가가 나 같은 사람한테 뭘 물어보시려고."

학예부장 홍기문*이었다. 그의 아버지는《임꺽정》의 작가, 벽초 홍명희로 조선에서 가장 인기 있는 소설가 중 한 사람이었다.

"가만 이거 시로군. 자네는 본래 산문을 쓰지 않았나?"

"네. 그래서 이걸 발표해도 좋을런지……."

"어디 한번 보자고."

산턱 원두막은 뷔었나 불빛이 외롭다

---

* 홍기문(1903~1992)은 소설가 홍명희 아들로 국어학자, 〈조선일보〉 학예부장 등으로 활동하다가 북으로 월북하여 북한의 정치인으로 활약하였다.

헝겊 심지에 아주까리 기름의 쪼는 소리가 들리는 듯하다

잠자리 조을든 무너진 성터
반딧불이 난다 파란 혼들 같다
어데서 말 있는 듯이 크다란 산새 한 마리 어두운 골짜기 난다

헐리다 남은 성문이
하늘빛같이 훤하다
날이 밝으면 또 메기수염의 늙은이가 청배를 팔러 올 것이다

– 〈정주성〉, 백석.

"내가 뭘 알아야지. 자네! 출판부로 옮겨 가더니 본격적으로 글을 쓸 모양이군. 난 좋은데? 무너진 성터가 마치 무너져 버린 우리 조선 같군. 파란 혼들은 억울한 혼들을 뜻하는 것 같고. 그래도 결말이 밝게 끝나서 좋군. 어둡지 않아서 좋아. 끝부분에 청배 팔러 오는 늙은이가 있다는 게, 아무리 힘들어도 삶은 계속된다는 느낌을 준단 말이지. 이거 꽤 괜찮은걸. 다음 문화면에 실어 보자고."

"네? 이 시를요?"

"왜? 싫어?"

"아니요. 저야 영광이죠. 감사합니다. 부장님."

"그리고 자네. 창간 준비는 잘되고 있지? 〈조광〉* 말이야. 요즘 시절이 시절이라 필자를 구하는 게 만만치 않아. 카프**는 해산하고, 당국의 감시는 거세지고. 잘 기획해서 꼭 성공시켜 보자고. 창간호에 자네 작품도 실어 봐. 몇 편 써 둔 게 있으면."

1935년 8월 30일 〈조선일보〉 석간.

백석 시가 처음으로 지면에 실렸다.

"석아, 너 정말 이러기야. 이렇게 시를 잘 쓰다니. 나보다 훨씬 나은데. 내가 완패다, 완패. 사랑꾼인 줄만 알았는데 그새 시인이 다 되었어. 겉은 토속적인데 방법은 모던하고. 〈정주성〉이라. 이 시를 읽으니 고향 생각이 절로 난다."

"이거 선배 시인한테 칭찬 들으니 몸 둘 바를 모르겠다."

"나도 너처럼 울림이 있는 시를 써야 하는데 내 시는 왜 이렇게 관념적일까?"

"준이 네가 도스토예프스키를 너무 좋아해서 그런 거야. 소설

●　　〈조광〉은 1935년 11월 1일 〈조선일보〉사에서 창간한 잡지로 400페이지가 넘는 본격적인 종합 잡지로의 모습을 보여 주었다.

●●　　카프는 KAPF(Korea Artista Proleta Federatio)로 김기진, 박영희 등이 1925년 결성한 사회주의 문학 단체다.

을 써 보는 건 어때? 복잡한 내면을 그리기에 시보다 소설이 더 낫지 않을까? 제임스 조이스처럼 의식의 흐름 기법으로 소설을 시도해 봐."

"두 사람 아주 대단들 하시구만. 그럼 내가 제안을 하나 하지. 석이 너는 시를 쓰고, 준이 넌 소설을 써 봐. 기한은 올해 연말. 석이는 시 서른 편, 준이는 중편 소설 한 편. 어때? 하하! 이거 재밌지 않아?"

현중이 두 사람의 대화에 끼어들며 말했다.

"무식한 소리. 시 한 편 쓰는 게 얼마나 어려운 일인데, 연말까지 서른 편을 쓰냐?"

"석이 말이 맞아. 아무리 써도 서른 편은 무리지."

"겁들 먹기는. 석이 넌 란이한테 주는 연애시만 써도 100편은 족히 쓰겠다. 그리고 준이 너는 결혼 기념으로 소설 한 편 안겨 주면 순영이가 얼마나 좋아하겠어? 지난번에 〈나의 문학전〉이었나? 아내를 위해 글 쓰겠다고 다짐하더니 새빨간 거짓말이었냐?"

현중이 두 사람을 몰아세웠다.

"힘들면 때려치우든지. 그나저나 난 가 봐야겠어. 이화여전에서 폭행 사건이 났다더군. 종로서에 다녀와야 할까 봐. 난 먼저 일어설게. 사회부 기자로 사는 게 여간 바쁘지 않네. 하하!"

고유한 게 진짜 모던, 시집 《사슴》 출간

가을이 깊어 가는 밤이었다. 통의동 하숙집에는 석과 준, 그리고 현중이 다시 모였다.

석은 인쇄 냄새가 가시지 않은 〈조광〉 창간호를 뿌듯한 마음으로 만져 보고 있었다.

"석아, 이제 그만 만져라. 닳겠다."

"신문이 나올 때랑은 기분이 달라. 내가 편집한 원고가 한 권의 책으로 묶여서 나오니 말이야. 감동이 가시질 않는다."

"다음 주면 12월호도 나온다면서. 이제 그만 책꽂이에 꽂아 둬. 하하!"

"그래도 이게 첫정인걸? 창간호잖아."

"시집이라도 내면 아예 고꾸라지겠군."

현중이 석을 보며 빈정대듯이 말했다. 그러다 현중은 화제를 바꿨다.

"석이는 잡지도 만들고 시도 여러 편 발표하는데, 준이 넌 요즘 뭘 하는 거냐? 석이는 벌써 시가 스무 편이 다 돼 가는데, 준이 네 소설은……."

현중은 호들갑을 떨며 무심코 앉아 있는 준을 다그쳤다.

"소설은 무슨……."

"또, 허무주의에 빠졌군. 준아, 차라리 허무주의에 빠진 지식인 이야기를 쓰지 그래? 요즘 그런 친구들이 한둘이 아니던데. 비판도, 행동도 아무것도 할 수 없는 지식인의 허무! 어때?"

"왜 만나기만 하면 준이를 그렇게 몰아붙여? 준이도 소설 준비 중이야."

"자자, 내 글은 내가 알아서 할 테니 두 사람은 걱정 말라고. 그나저나 이번에 석이가 발표한 시, 마음에 든다."

준은 자기 이야기에 부담스러웠는지 화제를 다시 석한테로 돌렸다.

아카시아들이 언제 흰 두레방석을 깔었나

어데서 물쿤 개비린내가 온다

– 〈비〉, 백석.

"비를 이렇게 표현한 시인이 조선 천지에 또 있나 몰라?"

"고향 생각하면서 써 봤어."

"지난번 〈정주성〉도 그렇고, 모던한 형식인데 토속적이야. 이건 뭐 거의 정지용 선배 수준인데. 아니 한 수 위라고 봐. 나는."

준은 석이 자기보다 한결 낫다고 이미 인정하고 있었다. 자신이 관념에서 벗어나지 못하는데 석은 낯선 이미지로 토속성을 멋지게 표현하는 게 그저 신기할 따름이었다.

"그 시도 좋지만 얼마 전 슬쩍 훔쳐봤던 〈모닥불〉이 난 더 좋던데⋯⋯."

곁에 있던 현중이 말을 이었다.

"그런 시가 있었어?"

준은 눈을 동그랗게 뜨고 석을 바라본다.

"지난번에 잡지 일로 야근할 때, 현중이가 내 노트를 훔쳐봤었지."

"나만 빼고 신문사에서 만난 거야? 둘이 이럴 거야? 어디 시 한번 보여 줘 봐. 그래, 이 노트였군. 〈모닥불〉이라."

준은 석의 노트를 빼앗다시피 낚아채서 〈모닥불〉을 읽기 시작했다.

새끼 오리도 헌신짝도 소똥도 갓신창도 개니빠디도 너울쪽도

62

짚검불도 가랑잎도 머리카락도 헌겊 조각도 막대 꼬치도 기왓장도
닭의 깃도 개터럭도 타는 모닥불

　　재당도 초시도 문장(門長) 늙은이도 더부살이 아이도 새사위
도 갓사둔도 나그네도 주인도 할아버지도 손자도 붓 장사도 땜쟁
이도 큰 개도 강아지도 모두 모닥불을 쪼인다

　　모닥불은 어려서 우리 할아버지가 어미 아비 없는 서러운 아이
로 불상하니도 몽둥발이가 된 슬픈 역사가 있다

　　　　　　　　　　　　　　　　　　　　　－〈모닥불〉, 백석.

　　"좋아, 좋아. 역시 백석이야. 난 이 시를 보고 어쩐지 못다 한
조선의 꿈이 느껴지더라. 버려지고 보잘것없는 것들이 모여 모
닥불을 이루는 게 꼭 식민지 조선 같단 말이지. 외면받던 민중이
스스로 생활을 이어 간다는 생각도 들고. 솔직히 깜짝 놀랐어.
석이 넌 민족주의자도 아니고, 사회주의자는 더더욱 아닌데 어
떻게 이런 시를 쓰는 거냐?"
　　현중은 전에 없이 진지한 얼굴로 석을 향해 말했다.
　　"현중이 네가 이렇게 진심일 때도 있구나! 역시 사회 운동가답
게 시를 읽는 것도 사회적인 데가 있어. 석아! 안 그래?"

"꿈보다 해몽이 좋네. 난 그저 순간순간 떠오르던 옛일을 적었을 뿐인데."

석은 멋쩍게 웃으며 말했다. 자기 시를 두고 현중과 준이 이야기를 주고받는 게 여간 어색한 게 아니었다. 그러자 준이 또다시 말을 이었다.

"석이 네 몸속에 너도 모르게 조선적인 게 흐를 수도 있지. 좋은 시야. 모닥불 옆에서 할머니가 옛이야기를 들려주시는 것 같네. 맞아. 네 시를 읽다 보면 어린 시절 할머니 이야기 같은 데가 있어. 재밌기도 하고, 슬프기도 하고, 따뜻했다가 오금이 저리게 무섭기도 해. 무엇보다 이야기가 있어서 감동이야. 어디 김기림이나 정지용 시에 이야기가 있나?"

준이는 놀라운 듯, 부러운 듯 〈모닥불〉이 적힌 노트를 손에 꼭 쥐고 석과 노트를 번갈아 바라보았다. 그런 준을 보며 석이 입을 뗐다.

"솔직히 난 모던이 서양 것만 가리킨다고 여기진 않아. 자신을 발견하고 만들어 가는 게 진짜 모던이지. 사람들은 여전히 권위에 짓눌려 있거나 권위에 의지해서 살아가고 있어. 자기를 드러내는 게 두려우니까. 그래서 진정한 자기를 못 찾고 항상 누군가에게 의지할 뿐이야."

"그 권위란 게 때로 전통이고, 때로 종교나 미신이지. 맞지?"

준은 석의 말에 맞장구를 치며 말했다. 이윽고 석이 말을 이었다.

"내가 생각하는 모던은 자기 스타일을 추구하면서, 자기 철학과 세계관을 만들고, 자기 삶의 터전을 시로 표현하는 거야. 물론 사랑도 스스로 찾아야 하고. 그래서 가장 모던한 것이 가장 고유한 것이지. 어떤 권위나 영향에도 휘둘리지 않는 자기만의 고유한 것, 나는 그걸 시로 쓰고 싶어. 앞으로도 난 고유한 것이 아니라면 절대 쓰지 않을 거야."

준과 현중은 어느 때보다도 차분하게 석의 말을 들었다. 특히 현중은 석이 좋은 시인이라는 것을 새삼 느꼈다. 무엇보다 자신의 삶을 스스로 결정하는 게 진정한 모던이라는 말에 큰 공감을 느꼈다.

"그래 석이 네 말이 맞아. 석이 네가 우리 중에 가장 모던한 거, 인정해. 하하! 근데 너처럼 모던하려면 대체 어떻게 해야 하는 거냐?"

현중은 분위기가 너무 진지해졌다 싶었는지 다시 장난기 가득한 말투로 말했다. 석도 그걸 눈치채고 대답했다.

"그대들도 이제부터 자기 스타일을 만들어 봐. 현중이 너도 후줄근한 싸구려 양복 그만 입고!"

"하하! 이런 부르주아 같으니라고! 석이 너처럼 2원씩이나 하는 그 비싼 양말을 신기에는 아직 내가 너무 배가 고파서 말이야. 우리는 스타일보다 배부터 채워야 하거든. 하하하!"

현중은 또다시 유쾌하게 너스레를 떨면서 석의 양말을 장난스럽게 손가락으로 만져 본다. 부드러운 촉감에 현중은 속으로 놀랐다.

"술값만 아껴도 스타일 좋은 양말 하나쯤은 살걸."

"그건 그거고, 네 시는 어떡할 거야? 잡지에 쓴 것만 예닐곱 편이 족히 될 거고, 노트에 있는 것까지 하면 스무 편이 넘는데. 시집으로 엮어도 손색없겠다."

준이 화제를 다시 돌렸다. 준은 석의 시들이 당장 출판해도 된다고 여겼다.

"시집?"

석은 반갑기도 하고 놀랍기도 했다.

"그래 시집! 한 권 분량은 충분할 것 같은데."

"백석 시집! 오, 좋은걸. 백석과 시집이라는 말도 잘 어울리고. 잡지 만드는 일보다 시집 내는 게 훨씬 좋지."

현중도 준과 함께 분위기를 띄웠다. 석은 민망한 표정을 지으면서도 속으로 설레었다. 시집을 낸다? 내가 쓴 시로, 나만의 스타일로, 내 이름으로 책을 낸다. 이거야말로 내 삶을 내가 결정하는 모던이 아닌가.

계절이 지나가는 동안 석은 바쁘게 시를 썼다. 쉬운 일은 아니었다. 나만의 스타일? 내가 누구인지 깨닫는 것, 그건 오래된 무의식 속에서 자신을 발굴하는 일이었다. 석은 고고학자가 되기라도 한 듯 기억의 결을 찾아 나섰다. 그리고 그것들을 가지런히 정리해 보기로 했다

석은 어린 시절을 떠올렸다. 그러자 잊고 지낸 유년의 기억들이 하나둘씩 펼쳐지기 시작했다.

명절날 어머니, 아버지를 따라 친할머니, 친할아버지가 있는 큰집에 갔던 일, 그곳에서 고모들과, 삼촌, 그리고 사촌누이와 동생들을 만나 인절미, 송구떡, 콩가루차떡을 나눠 먹었던 일, 아이들끼리 호박떼기와 제비손이구손이를 하다 밤늦게 잠들었던 여우난골의 경험*, 석은 특별한 기교 없이 경험들을 글로 나열했고 그것들은 어느새 아름다운 한 편의 시가 되었다.

석은 이웃에 살던 이들도 떠올렸다. 예순이 넘어도 아들 하나 없는 가즈랑집 할머니, 그리고 할머니의 오래된 초가집, 그곳에서 도토리묵, 도토리범벅, 물구지우림, 둥굴레우림을 먹던 해묵은 기억들. 그 기억들을 가지런히 정리하자 곧바로 또 다른 한 편의 시가 되었다.

●   백석의 시 〈여우난골족〉의 내용이다.

그뿐일까. 찹쌀 탁주를 밥보다 더 좋아하는 삼촌, 논두렁에서 개구리 뒷다리를 구워 먹고, 돌다리에 앉아 날버들치를 먹던 동네 아이들, 여우가 우는 밤에 팥을 깔고 오줌을 누던 잠 없는 노인들까지……. 석은 잊었던 고향 사람과 그들이 겪은 일들을 속삭이듯 풀어 시로 썼다.

석은 시를 쓰면서 철저히 자신의 스타일을 지켰다. 자신이 살아왔던 평북 지역의 말을 고스란히 시어로 사용했고, 어릴 때 먹던 음식 이름도 하나하나 살려 아름다운 시어로 녹여 냈다. 버려지고 하찮은 물건이 모여 모닥불을 피워 내듯, 예쁘지 않은 투박한 평북 사투리와 귀하지 않은, 평범하기 이를 데 없는 풍속과 음식이 한데 어울려 가장 모던하면서 사랑스러운 시들이 되어 갔다.

석은 또, 사랑하는 마음으로 시를 썼다. 석에게는 사랑하는 천희, 란이 있었다. 새벽달처럼 차고, 슬프도록 하얗던, 아름다운 란. 석은 그녀를 잊을 수 없었다. 하지만 그녀에게 자기는 결혼식 축하 모임에서 스치듯 지나친 인연이었을 것이다. 그런 란에게 백석은 자신을 충분히 알리고 싶었다. 자신이 작고 보잘것없는 것에 연민을 느끼는 섬세하고 따뜻한 사람이라는 것. 그래서 란의 꿈과 사랑과, 무엇보다도 은밀히 숨긴 슬픔마저 사랑할 수 있는 사람이라는 것. 그것들을 시로 써 그녀에게 보이고 싶었다. 석에게 시 쓰기는 자신이 누구인지 증명하는 과정이었다.

석은 시집을 출판하는 즉시 통영으로 내려가 란에게 사랑을
고백할 작정이었다. 자신의 영혼을 바쳐 시집을 내듯, 자신의 온
마음을 다해 란의 사랑을 찾고 싶었다.

란이. 이화여고보에 다니던 수줍음 많던 소녀, 박경련. 그녀가
내려가 있다는 통영! 집집이 아이만 한 피도 안 간 대구를 말리
고, 밤새 바다에 뿡뿡 배가 울고, 새벽녘 거리엔 쾅쾅 북이 우는
곳, 자다가도 일어나 바다로 가고 싶은 곳, 그곳 어딘가 푸르른
감로 같은 물이 솟는 명정샘 마을에 란이가 산다는데, 꽃피는 철
에 행여 다른 이에게 훌쩍 떠나가면 어쩌나.● 석은 간절하고 애
타는 마음으로 시를 한 편, 한 편 써 내려갔다.

1936년 1월 20일. 드디어 백석의 첫 시집 《사슴》이 출간되었
다. 조선의 한지로 표지를 만들었고 백석의 성격처럼 군더더기
하나 없이 '백석 시집 사슴'이라는 여섯 글자만 세로로 한가운데
에 배치되어 있었다. 한눈에 봐도 고급스럽고 정갈한 멋이 풍겼
다. 시집의 정가는 2원. 쌀 한 가마니에 13원, 최고 인기 시인 정
지용 시집이 1원 20전 정도였으니 백석의 시집은 가장 비싸고
고급스러운 것이었다.

●   백석의 시 〈통영2〉시의 내용을 재구성한 것이다.

"이 친구야! 무슨 가격이 이렇게 비싸? 표지를 무난한 것으로 할 일이지. 이렇게 비싸게 하면 누가 사겠어?"

"누가 판대. 딱 100부 한정판으로 찍었는걸. 지인들 보내 주고 나면 남는 게 없을 거야."

석은 자기를 나무라듯 말하는 현중을 향해 아무렇지도 않다는 듯 대꾸했다.

"역시 백석이야. 어떻게 이런 스타일로 만들 수 있지? 석아! 이 시집 나중에는 서로 구하려고 난리일 거다. 더욱이 한정판이라면 몇십 년 뒤에는 열 배, 아니 백 배 값어치는 있을걸."

준이 시집을 들고 흥분했다. 실려 있는 작품도 고유의 사투리를 살려 쓰고, 토속적인 풍속에, 멋스러운 조선의 한지까지. 손에 쥐자마자 조선의 느낌이 절로 스며들 것 같았다.

"그런데 제목이 사슴이라면서 어째 작품에 사슴이 없다."

"현중아, 사슴이 따로 있냐? 목이 긴 석이가 사슴이지. 이 시집은 처음부터 끝까지 석이 자기 이야기를 쓴 거야. 그러니 사슴은 석이고, 석이가 사슴이지."

백석의 《사슴》은 출간되자마자 문단에 높은 관심을 끌었다. 가장 뛰어난 평론가이자 시인이었던 김기림은 백석 시가 동화와 전설을 다루면서 동시에 모더니티를 구현하는 등 철저히 비타협

적이고 순결한 자세를 보여 주었다고 평가했다.

놀라운 일이었다. 스물넷의 교정부 기자 출신 백석의 첫 시집이 문단의 화제가 될 거라고는 허준도, 현중도, 백석 자신도 아무도 예상하지 못한 일이었다. 《사슴》이 만들어 낸 신선한 충격은 꽤 큰 것이었고 청년 윤동주를 비롯해 시집을 구하려는 이들이 한동안 줄을 이었다.

하지만 이런 성공에도 석의 마음은 어딘지 모르게 쓸쓸했다. 주변 지인들의 축하에도 석은 마음 한구석이 허전했다.

며칠 후 석은 밤늦게 현중의 하숙을 찾았다.

"현중아. 나 말이지. 란이한테 곧장 가 봐야겠어."

엇갈리는 통영의 인연들

통영으로 가는 길은 멀었다. 하지만 석은 지루할 틈이 없었다. 란에게 전할 말을 생각하노라면 목이 바짝 말랐고 손바닥에는 땀이 흘렀다.

석은 통영으로 떠나기 전 박경련의 집에 전보를 남겼다.

만나러 간다. 백석.

석은 자신감이 있었다. 시집도 냈고, 신문과 잡지에 종종 작품을 발표하니 이만하면 경련도 자신을 알아볼 거라고 여겼다. 슬프도록 하얗던 수줍은 란. 석은 그 얼굴을 잊을 수가 없었다.

2월이었지만 통영으로 가는 길은 포근했다. 고향 정주나 경성에서는 상상하기 어려운 날씨였다. 경부선을 타고, 다시 마산선으로 갈아타자 차창 밖으로 윤기 나는 동백나무들이 보이기 시작했다. 그것들은 이른 봄을 맞이하느라 꽃망울을 붉게 터트리고 있었다. 오랫동안 떠나 있다 마침내 돌아오는 임을 정겹게 맞이하는 오랜 연인처럼 보였다.

"경성 거리를 활보하던 모던 보이가 통영까지 또다시 내려갈 줄이야. 석이 너도 참 대단한 구석이 있어. 낯선 여자만 보면 얼굴을 붉히더니 꿍꿍이속이 따로 있었다니까. 그렇게 란이가 보고 싶었어?"

"알면서 왜 물어. 란에게 주려고 시집도 냈는걸.《사슴》을 선물하는 건, 나를 선물하는 거나 똑같아. 난 늘 란이 생각뿐이었다고. 이제 진짜 사귀어 봐야지."

"이거 시인이 아니라 완전히 사랑꾼이었군. 부럽다. 부러워!"

현중은 백석의 애타는 모습이 안타까워 길동무로 나섰다. 통영에서 어린 시절을 보낸 현중은 누구보다 통영을 잘 알았고, 경련의 외사촌과도 친구로 지냈었다. 이번 통영 길에도 그 친구가 길잡이를 해 주기로 이미 연락을 해 뒀다.

하지만 현중은 친구 백석을 선뜻 이해할 수 없었다. 자기와 달리 사랑에 흠뻑 빠져 버린 친구가 왠지 낯설게 느껴졌다. 사실 현중은 약혼녀 김자옥에게 별다른 감흥이나 설렘이 없었다. 처음부터 그랬다. 사회 운동가 김준연의 딸이라는 것 외에 특별히 김자옥에게 끌리는 게 없었다. 설렘도, 호기심도 없이 단지 존경하는 분의 따님이라는 것 말고 다른 감정이 일지 않았다. 결혼은 불타는 사랑이 아니라 생활을 위한 것이라고 여겼던 까닭에 김자옥을 좋은 결혼 상대로 여겼을 뿐이었다.

그런데 제대로 만난 적도 없는 사람과 사랑에 빠지다니? 현중은 석이 경련에게 사랑을 느끼는 게 참으로 신기하고 부러웠다. 자신은 약혼까지 했는데도 상대에게 설렘도, 떨림도 없는데 어떻게 석은 경련을 사모할 수가 있지?

"이제 배만 타면 통영이야. 내가 살던 곳이지만 멀기는 멀다."

현중은 마치 쓸쓸한 추억에라도 잠긴 듯 부두를 바라보며 나직이 말했다. 사랑에 빠진 석이 부럽기도 하고 자신의 현재가 한심하기도 해서 모처럼의 통영 길이 달갑지만은 않았다.

"저기 좀 봐! 학생복을 입었는데."

항구로 들어오는 배의 갑판 위에 학생복 차림의 남녀가 꽤 모여 있었다. 통영에서 마산항으로 들어오는 배였다. 두어 시간후, 석과 현중이 통영으로 가기 위해 탈 배였다.

"경성으로 올라가는 친구들인 모양인데. 개학하려면 멀었는데 시골살이가 답답했나 봐. 서둘러 올라가는 걸 보니. 하기는 시골보다야 경성이 낫지. 청춘 남녀가 즐기기에는 말이야."

현중은 심드렁하게 대꾸했다. 마음을 여전히 종잡기가 어려웠다.

"학기가 시작되기 전에 책 한 권이라도 더 보려고 그러겠지."

"그럴까? 경성에 가서 부모 눈치 안 보고 신나게 모던을 즐기려는 것은 아니고? 백화점에, 카페에, 댄스홀을 섭렵하고 싶은 것일지도 몰라."

"오늘따라 왜 이렇게 삐딱해?"

석은 현중의 까칠한 말들에 당황스러웠다. 현중은 그런 석의 마음을 읽었는지 다시 장난기가 발동했다. 현중은 석의 귓가에 대고 속삭였다.

"잘 봐. 저 안에 사랑하는 란이가 있을지 알아? 하하하하!"

석은 현중의 말에 흠칫 놀라며 스쳐 가는 학생복 차림들을 유심히 살펴봤다. 하지만 얼굴을 알아보기에 그들은 너무 먼 발치에 있었다.

배가 항구에 닿자 학생복 차림의 남녀는 반대편 출구로 유유히 사라졌다.

통영에 도착하자마자 두 사람은 곧장 명정골로 향했다. 항구에서 명정골로 가는 길에는 아이만 한 대구와 팔뚝만 한 도미, 넓적한 가자미 등 생선을 말리는 집들이 많았다. 골목 어귀에서 정겹게 흘러나오는 젓갈의 짠 냄새와 바구니에 담긴 미역과 파

래는 이곳이 정녕 바다 마을이라는 것을 일러주었다. 석은 바다
냄새에 마음이 푸근해졌다가도 란을 찾아간다는 마음에 가슴이
두근거렸다.

오르막길이 이어졌다. 명정골 396번지. 박경련의 집. 솟을대
문에 집의 규모가 컸다. 건너 건너 듣기로 돌아가신 경련의 아버
지가 통영에서 큰 사업을 했으니 재산이 꽤 있는 집이었다.

석은 가슴이 쿵쾅거렸다. 드디어 란을 만난다. 란이 전보를 받
기는 했겠지. 백석이란 이름을 모를 리도 없을 테고. 석은 자신
의 모든 것인 《사슴》을 들고 초조하게 서 있었다. 현중이 문을
두드렸다. 오기 전에 먼저 소식을 전하기는 했다. 통영에 도착했
다는 것도 전화로 이미 알렸다. 인기척이 없다. 현중은 다시 문
을 두드렸다. 여전히 안에서 소리가 없다. 대문을 흔들어 봤지만
굳게 닫혀 있을 뿐이었다.

"어찌 된 거야?"

"좀 전에 분명히 병직이랑 통화를 했는데……."

현중은 박경련의 외사촌 서병직과 잘 아는 친구 사이였고 통
영에 도착하자마자 연락을 넣었었다. 그때였다.

"내가 조금 늦었지. 현중아."

"오, 그래 반갑다. 병직아. 잘 지냈지? 내가 경성서 제일가는
모던 보이를 한 명 데려왔지."

76

"그래. 알고 있어. 백석 씨?"

"네. 백석입니다."

석도 서병직에게 인사를 건넸다.

"미안하게 됐어요. 경련이는 개학 준비한다고 설 쇠고 바로 경성으로 올라갔습니다. 경성에서 내려오셨는데 길이 엇갈리고 말았군요."

'경성으로 갔다니?'

석은 마음이 덜컹 내려앉았다. 신문사에 눈치를 봐가며 애써 내려온 통영. 그런데 정작 란이 없다고? 전보까지 치고 현중이가 연락까지 해 뒀는데. 석은 믿기지 않았다. 혹 집안에서 일부러 자기를 못 만나게 하려고 경련을 어딘가에 숨겨 둔 것은 아닐까 의심했다.

"경련이가 올라가면서 백석이라는 분이 자기를 찾아올 거라고 하더군요. 그러면서 죄송하다는 말을 꼭 전하라고 했어요. 대신 멀리서 오셨으니 잘 대접해 드리라고 그러더군요."

"아니, 그럼 아까 전화로 말하지 그랬어?"

"이미 통영 땅을 밟았는데 자네 얼굴도 볼 겸 그냥 됐어. 이왕 여기까지 왔으니 대구에 뽈락도 즐기고 호루기 젓갈에 소주 한 잔 하고 가야지 않겠어?"

"아니, 그래도 그렇지. 석아! 당장 경성으로 돌아가자. 란이를 만나야지. 란이도 네가 싫지 않은 눈치니까 얼른 가서 밀어붙여야지."

석은 난감했다. 란을 생각하면 지금 당장에라도 올라가고 싶었다. 하지만 외사촌 서병직의 호의를 뿌리치는 게 큰 실례일 것 같았다. 게다가 란이 자기를 싫어하는 게 아니라면 애써 서두를 것도 없고, 외사촌 서병직에게 잘 보이는 것도 나쁜 것은 아니었다. 오히려 가족을 알아 두면 나중에 든든한 지원군이 되어 줄 것 같았다.

무엇보다 신문사에 남도 기행 답사 보고서를 제출하기로 했는데, 이대로 올라가서 무슨 핑계를 댈 수 있단 말인가. 아, 박경련. 그대를 만나기가 이렇게 어려운가. 꼬박 이틀을 걸려 통영까지 내려왔는데.

"좋아요. 이왕에 통영에 내려왔으니 둘러보고 가야죠. 이곳 사람살이가 궁금하기도 하고. 현중아. 어차피 신문사에 가면 보고서를 쓰든, 작품을 쓰든 남도 기행을 작성해야 하니까 통영을 안 돌아볼 수는 없어. 란이 경성에 있다니까 올라가는 대로 만나야지."

석은 애써 아쉬움을 감추며 담담히 현중에게 말했다.

"란이는 안 볼 거야? 내려올 때는 안 보면 미칠 것 같다더니. 이건 네가 선택한 거다. 나야 좋지. 이 친구랑 오랜만에 회포도

풀고 말이야."

석은 결국 란을 만나는 것은 포기하고 외사촌 서병직이 이끄는 대로 통영에 머물렀다. 그 시간, 경련은 경성으로 올라가는 경부선 기차를 타고 있었다.

경련은 마산항에 있던 석을 먼발치에서 바라봤다. 통영에서 마산항으로 들어오는 배의 갑판 위에 경련도 외사촌 서숙채와 함께 서 있었다. 석을 먼저 알아본 것은 숙채였다. 훤칠한 키에 머리를 뒤로 넘긴 모던 보이 백석은 어디를 가나 눈에 띄는 사람이었다.

경련은 자기를 찾아오는 이를 먼발치에서 바라봤지만 마음이 설렌 것은 아니었다. 오히려 경련은 두려웠다. 자신을 잘 알지도 못하는 사람이 전보 한 장 보내고 불쑥 찾아온다는 게 여간 부담스러운 게 아니었다. 사실 경련은 석 일행을 피해 경성으로 달아나는 중이었다.

"경련아, 한번 만나 보지 그랬어? 꽤 유명한 시인인가 보던데."

"난 누굴 만날 처지가 아닌 거 잘 알잖아."

"네가 어때서?"

"어머니도 혼자 계시고, 또……."

경련의 얼굴빛은 어딘지 차갑고 쓸쓸한 흰빛을 띠었다. 옅은 미소가 웬일인지 더 슬프게 보였다. 숙채도 그만 입을 다물었다.

경련은 어릴 때부터 폐가 좋지 않았다. 일찍 세상을 떠난 경련의 아버지가 앓던 병을 경련도 앓고 있었다. 치료를 받아서 나아지기는 했지만 완전히 건강을 회복한 것은 아니었다.

"얘는……. 다 나았으면서 또 그 소리야?"

"그래도. 나 같은 사람 만나서 그 사람도 불행해지면 어떡해?"

"별소리 다 한다. 너처럼 좋은 여자 만나면 상대방도 축복이지."

"난 학교 졸업하면 고향에 돌아와 어머니랑 살 거야."

"그래도 널 찾아왔는데 한번 만나 보면 어때서?"

"인연이 아닐걸. 그분처럼 세련된 사람이 통영에 내려와 살 것도 아니잖아."

"넌 참, 그냥 만나만 보는 건데. 걱정도 팔자다. 어머니는 뭐라고 그러서? 어머니도 알고 계시지 않아?"

"어머니도 그분이 어떤 사람인지 알아보시는 것 같아. 외삼촌한테 연락하시더라고."

경련의 하얀 얼굴빛에 옅은 복숭앗빛이 감돌았다. 어머니까지 알아보신다는 게 경련으로서는 꽤 부끄러운 모양이었다.

석은 충렬사 층계에 우두커니 앉아 하늘을 바라봤다. 란이 보이지 않아 하늘이 더 잔뜩 흐린 것 같았다. 석은 서병직을 봐서라도 마음을 진정하려 했지만 허전한 심정은 어쩔 수 없었다.

세 사람은 사당 바로 옆에 있는 명정으로 갔다. 큰 키의 동백나무들 사이에 두 개의 샘이 있었다. 본래 제사를 지낼 때 물을 길어다 쓰던 우물이었는데 요즘은 마을 사람들도 그 물을 길러 먹는다고 했다. 아니나 다를까 물 길러 오는 처녀들의 발길이 끊이지를 않았다. 석은 유심히 물 길러 오는 처녀들을 바라보며 그 안에 박경련이 혹시 있을까 내심 기대하며 바라봤지만 경련이 나타날 리는 만무했다.

그날 밤 서병직은 석과 현중을 통영 바닷가에 줄지어 늘어선 어시장을 구경시켰다. 대구와 우럭을 말리고 도미와 가재미와 해삼을 두루두루 바구니 채 파는 상인들의 모습에 시장은 활기가 넘쳤다. 석은 그제야 마음이 풀렸는지 시장 상인들이 건네는 젓갈을 맛보며 생기를 되찾았다.

석은 서병직과 어울려 술을 즐겼다. 술을 잘 마시지는 못했지만 통영 바닷가의 회는 어디에서도 맛볼 수 없는 싱싱한 맛이었다. 좋은 횟감에 소주 한 잔은 아쉬움을 달래기에 제격이었다.

현중도 함께 술을 마셨다. 오랜만에 고향에 내려와 술을 마시니 십여 년 전 통영에서 지냈던 일들이 떠올랐다. 그 시절 현중의 누이 신순정은 통영에서 학생들을 가르치고 있었고, 그 소녀들 중에 유난히 눈이 크고 얼굴이 작았던 소녀가 있었는데, 그 친구가 바로 박경련이었다. 현중은 소녀 경련을 떠올렸다. 호기심 가득한 앳된 얼굴이 마냥 귀여웠다. 그런 귀여운 소녀가 이제 어엿한 숙녀가 되었고 절친한 친구 백석이 흠모한다는 게 새삼 놀라웠다.

'어째서 내겐 경련이가 여자로 보이지 않았을까?'

현중은 자신이 행여 사랑의 감정에 서툰 것은 아닌지 생각했다. 그도 아니라면 늘 무엇인가를 해 내야 한다는 강박에 휩싸여 사랑의 감정을 외면하거나 억압한 것은 아닌지 생각했다.

사랑은 뭘까? 그게 무엇이길래 백석이 모든 걸 제쳐 두고 통영까지 내려온 걸까? 내겐 왜 그런 열정이 없을까? 명분이 있는 일이라면 만사를 그만두고 앞장서던 내가 왜 사랑만은 그러지 못했을까? 현중은 자기 자신을 이해할 수가 없었다.

"현중아, 오늘 왜 이렇게 술이 과해?"

"뭘? 오늘 맘껏 취해 봐야지. 내 고향에 왔는데 맘 편히 술 한 잔 못 마셔야 쓰나?"

"별일이네. 늘 자기 관리를 잘하던 친구가."

석은 술잔을 내려놓기가 무섭게 또다시 따라 마시는 현중이 걱정이 되었다.

"너나 신경 쓰시지. 내 할 일은 내가 알아서……."

현중은 말끝을 흐리더니 더는 몸을 가누지 못한 채 탁자에 그만 엎드리고 말았다.

밤은 깊었고 창밖으로 보름달이 환하게 비추고 있었다. 그렇게 통영의 밤이 지나가고 있었다.

함흥으로 떠나는 경성의 모던 보이

"갑자기 사직서라니?"

학예부장 홍기문은 놀라서 눈을 동그랗게 뜨고 석을 바라보았다.

"예전부터 하고 싶던 일이 있어서요."

"요즘 같은 시절에 신문사를 그만두다니. 앞으로 어쩔 생각인
가? 직장 잡기도 쉽지 않을 텐데."

"그게. 얼마 전에 함흥에서 연락이 왔어요. 영어 교사 자리가
났다고."

며칠 전이었다. 함흥 영생고보에 근무하던 선배 김동명으로부
터 연락이 왔다. 영어 교사 자리가 비었는데 생각이 있느냐는 것
이었다. 김동명은 백석보다 열 살이나 위였지만 일본의 아오야
마를 졸업한 학교 선배였고, 시인으로 활발히 활동했기에 잡지
출판부에 있던 석과 연락을 주고받고는 했다.

석은 깊게 고민하지 않았다. 오래전부터 교사의 꿈을 키워 왔기 때문이다. 오산고보를 다니던 시절 석은 민족지사 조만식 선생께 직접 가르침을 받았고, 그때부터 자신도 선생이 되어 누군가에게 깨달음을 주기를 바랐다. 다만 신문사 사장과의 인연으로 잠시 기자로 활동했던 것이다.

기자로 사는 게 나쁜 것은 아니었다. 세상을 이해하는 데 기자만한 직업이 없기는 했다. 그런데 얼마 전부터 석은 기자로서의 삶에 염증을 느끼고 있었다. 특히 시집을 낸 뒤로 잡지 만드는 일에 몰두할 수가 없었다. 남의 글을 읽고 편집하는 게 어느 순간부터 고역이었다. 특히 유명 작가의 글인데도 수준이 떨어질 때면, 그런 글을 군이 잡지에 실어야 하는지 내면에 갈등이 있었다.

그런 와중에 예전부터 꿈꾸던 교사로서의 기회가 왔으니 고민할 이유가 없었다. 함흥이라는 지역도 마음에 들었다. 통영처럼 바다를 직접 낀 항구는 아니지만 성천강 하류에 있어서 바다 분위기를 물씬 풍겼기 때문이었다. 그런 곳이라면 학생들을 가르치면서 작품도 계속 쓸 수 있을 것 같았다.

"교사? 그래? 음……. 그럼 앞으로 우리 잡지는 누가 이끄나?"

홍기문은 눈을 감았다. 자신이 생각해 봐도 신문사 기자보다 교사가 사회적으로 존경받고 있으니 백석에게 좋은 자리인 것만은 틀림없었다.

"걱정마세요. 제 친구 허준이 입사했잖습니까? 이 친구 문학적인 감수성이 대단합니다. 잡지 편집도 잘할 겁니다."

"그래도 자네가 아쉬운걸. 다시 한번 생각해 주면 안 되겠나? 안석영도 그만둔다고 하고 신문사에 인재들이 밖으로 돌아서 아주 죽을 맛이네."

"더 좋은 사람들이 오겠지요."

석은 자신을 붙잡는 홍기문을 애써 뿌리쳤다. 첫 직장인 신문사를 떠나려니 섭섭하기는 했다. 정든 경성을 떠나는 것도 마음에 걸렸다. 무엇보다 마음에 두고 있던 경련과 아무런 기약 없이 떠나는 게 아쉬웠다.

통영에서 아무 소득 없이 경성으로 올라올 때, 석은 마음이 불편했다. 서병직이 통영 곳곳을 안내하고, 삼천포와 진주를 돌아볼 때까지도 나쁘지는 않았다. 시인으로서 낯설고 새로운 풍광을 접하는 건 꽤 흥분되는 일이었다. 그런데 이상하게 함께 간 현중의 표정이 밝지 않았다. 술을 마실 때에도 여느 때와 달리 연거푸 혼자 들이킬 때가 많았고 경성으로 오는 내내 얼굴빛은 침울하기만 했다. 늘 밝고 경쾌하던 친구가 갑자기 침묵하자 석은 자신이 뭔가 잘못한 것은 아닌지 스스로 눈치를 볼 정도였다.

그때 이후였을까? 석은 현중을 제대로 본 적이 없었다. 겉으로 현중은 여전히 밝고 쾌활했다. 신문사에서 마주치면 유쾌한 농담도 한두 마디씩 건넸다. 하지만 그게 다였다. 예전 같으면 통의동 하숙집에 밤늦게 찾아와 함께 소주잔을 기울이며 문학과 시국을 걱정했을 텐데, 어찌 된 일인지 통영에 다녀온 뒤로 더 이상 석을 찾아오지 않았다.

현중의 태도가 달라진 후 석은 경련을 만나러 가자고 부탁할 수가 없었다. 석은 애가 탔다. 그는 경련이 다닌다는 이화여고보 근처를 서성거리고, 경련이 지낸다는 가회동 삼촌 댁 근처를 배회하기도 했지만 경련을 마주치지는 못했다. 그렇다고 무턱대고 지난번처럼 찾아가는 것도 여의치 않았다. 통영을 떠날올 때, 서병직이 넌지시 일러 준 말에 따르면 경련은 겁도 많고 수줍어서 무작정 찾아오는 걸 지극히 꺼린다고 했었다.

주체할 수 없는 그리움도 시간이 흐르면 차츰 사그라드는 걸까. 경련에 대한 마음은 여전했지만 석은 천천히 냉정을 되찾았다.

'일단 함흥으로 떠나자. 언제 다시 올 지 모르는 기회! 이번이 아니면 선생 노릇하기 쉽지 않을 거야.'

석은 경련과의 만남을 다음으로 미루었다. 다른 무엇보다 어린 시절부터 꿈꾸던 교사로서의 꿈을 펼쳐야 하지 않을까. 더군다나 그 기회가 언제까지 주어질 지 알 수 없는 시절인데.

요즘 일본의 기세는 무서웠다. 중국과는 일촉즉발 위기로 치닫고 있었고 언제 전쟁이 일어나도 이상하지 않을 것 같은 심각한 조짐이 있었다. 일본은 식민지 조선을 단속하기 위해 여러 방법을 구상하고 있었다. 조선의 말과 글을 학교에서 더는 못 가르치게 한다는 말이 떠돌았고, 곳곳에 일본 신사를 지어서 조선 사람에게 참배를 강요할 거라는 이야기도 돌았다. 이런 상황이라면 자유롭게 학생들을 가르칠 날도 얼마 남지 않을 것이었다.

석은 함흥행 기차에 오를 때에도 차창 밖 교복 차림의 여학생이 있으면 눈길을 떼지 못하고 바라보았다. 행여나 저 친구가 경련이 아닐까 하는 기대였다. 속절없이 기대가 무너져도 또다시 교복 입은 여학생이 나타나면 눈길은 어김없이 그곳을 향했다. 사랑하는 경련! 나의 란이! 나의 란이! 마음속으로 아무리 외쳐봐도 대답 없는 이름일 뿐이었고 그사이 함흥행 기차는 철로를 미끄러지듯 내달리기 시작했다.

함흥 날씨는 4월인데도 쌀쌀했다. 봄꽃들은 이제 막 봉오리를 수줍게 내밀고 있었다. 한 사내가 운동장을 성큼성큼 가로질러 걷고 있었다.

더블 버튼의 감색 양복, 유난히 광택이 나는 가죽 구두, 시원스럽게 머리를 뒤로 넘긴 멋스러운 사내였다. 백석이었다.

학교는 술렁거렸다. 학생들은 새로 부임하는 영어 선생을 보려고 창문에 다닥다닥 붙어서 운동장을 내다봤다. 유명한 시인이 온다는 소식에 호기심이 생겨난 것이다. 거기에 차림새도 여간 멋스러운 게 아니어서 학생들은 눈으로 직접 백석을 보고자 했다. 스타일로 말하면 경성에서도 빠지지 않는 백석인지라 학생이든 교사든 그를 주목하지 않을 수가 없었다.

현관 앞에는 신임 교사 백석을 맞이하기 위해 몇몇 사람들이 기다리고 있었다.

"자네는 여전하군."

"선배님, 잘 지내셨죠?"

아오야마의 선배 김동명이었다. 그는 얼마 전 아내를 잃고 함흥에서 홀로 지내고 있었다.

"함흥에 잘 왔네. 경성에 비하면 초라하지만 이곳도 교육열은 뜨거운 곳이지. 저길 보게."

석은 눈길을 돌려 학교 건물을 바라보았다. 그곳에는 새로 부임하는 영어 선생님이 궁금해서 창가에 몰려든 학생들로 북적이고 있었다.

"녀석들이 자네를 아주 좋아하게 생겼군. 앞으로 잘 지도해 보자고."

영생고보 학생들은 경성에서 유명한 시인이 영어 교사로 부임한다는 소식에 잔뜩 기대를 지니고 있었다. 나이 차도 얼마 안

나는 젊은 교사라는 사실에 부쩍 친근감을 느끼고 있었다.

학생들의 반응은 뜨거웠다. 특히 영어 시간 만족도가 높았다. 지금껏 영생고보 학생들은 세련된 영어 발음을 들어 본 적이 없었다. 그런데 석은 발음이 유창해서 학생들은 그것 하나만으로 만족했다. 그뿐이 아니었다. 백석의 기억력도 학생들에게는 화젯거리였다. 첫날 첫 시간, 출석부도 챙기지 않고 학생들의 이름을 줄줄 외우는 백석을 보고 학생들은 그만 혀를 내두를 수밖에 없었다.

시간은 빠르게 흘렀다. 석은 오자마자 담임을 맡았고, 자신의 장기를 살려서 문예반을 이끌었다. 그뿐이 아니었다. 젊다는 이유로 축구부 지도 교사까지 겸하였고 학교의 자질구레한 사무적인 일들도 백석이 도맡아야 했다.

학생들과 함께하는 것은 즐거운 일이었다. 누군가의 삶에 영향력을 행사한다는 것만큼 뜻깊고 의미 있는 일이 있을까. 석은 자신의 말 한 마디 한 마디를 귀담아듣는 학생들을 보며 마음이 뿌듯했다.

하지만 학교 일과가 끝나면 정신을 차리기 어려울 만큼 피곤이 엄습했다. 학생들을 하나하나 세심하게 살피고 수업 준비와 문예 지도를 하노라면 온몸이 노곤해지기 일쑤였다. 축구부 지도를 하는 날이면 운동장을 뛰어다니느라 피곤이 더했다.

석은 하루의 피로를 대개 술을 마시며 풀었다. 부인을 잃고 홀로 지내던 김동명은 기꺼이 석의 술 동무가 되어 주었다.

"어때 학교 온 지도 꽤 시간이 지났는데."

"힘들기는 하지만 괜찮아요."

"담임에, 문예반에, 축구부 지도에 눈코 뜰 새 없이 바쁘지? 거기다 동료들이 경계하는 것 같던데……."

"제 성격 탓인데 어떻게 하겠어요. 제가 결벽증이 있다는 건 선배님도 알고 계시죠? 저는 남들 손때 묻는 건 죽어도 싫어서 말이죠."

"그래도 악수하고 난 뒤에 사람 보는 데서 손 씻는 건 참아 봐. 상대방 기분도 생각해야지."

"저도 그러고 싶은데, 성격이……."

"난 괜찮아. 자네가 와서 참 좋아. 말동무도 생기고. 글 쓰는 이야기도 나눌 수 있어서. 좀 전에 한 말은 너무 신경 쓰지 마. 작가라면 독특한 습성이 하나쯤은 있는 게 당연하지. 요즘 시는 쓰나?"

"통 못 쓰죠. 대신 강소천이라는 친구 가르치는 재미가 쏠쏠합니다."

"그 친구 아마 자네하고 나이 차이도 얼마 안 날걸. 글 쓰는 솜

씨가 일품이지. 동시를 쓸 모양이라더군. 조선에 어엿한 동시를 쓰는 사람이 곧 생길 것 같아 다행이야."

"네. 재주가 아주 좋은 친구예요. 〈조선일보〉 출판부에 윤석중 주간에게 이미 말을 해 뒀으니 곧 좋은 성과가 있을 겁니다."

"학생들 재주까지 알아보고 지도까지 해 주니 자네도 선생 다 됐군."

"이제 시작인걸요. 좀 답답하고 피곤한 걸 빼면 저는 지금 생활에 만족해요."

"외롭지는 않고?"

"선배님이 더 그러지 않으세요? '너의 넋은 수녀보다도 더욱 외롭구나!'[*]라는 구절이 생각나네요."

"외롭지. 홀아비가 외롭지 않으면 누가 외롭겠어. 그보다 요즘은 말 한 번 잘못했다 일본 경찰에게 붙들리는 처지라 누구랑 터놓고 말 한 마디도 힘들지 않나? 그러다 보니 마음이 더 울적하고 외로워지는 것 같네."

"저도 마찬가지예요. 세상 같은 건 생각을 하지 말아야지 하고 사는 거죠. 신문사에 있으면 온갖 듣기 싫은 일들을 들어야 하는데 저는 그게 영 불편했어요. 대놓고 친일 기사를 쓰는 친구들도

---

[*] 김동명의 시 〈파초〉의 한 구절이다. 〈파초〉는 백석이 편집한 〈조광〉 창간호에 실렸다.

많고. 제가 학교에 온 건 그런 세상일을 접할 이유가 없기 때문이었죠."

"그랬었군. 그럼 학교 끝나고 혼자 있을 때는 주로 뭘 하고 지내나?"

"요즘 러시아어를 배우러 다녀요."

"아, 그래. 정말 좋은 생각이군."

"아오야마에 있을 때 조금 배우긴 했지만 초보적인 것이라서요. 다행히 학교 앞 서점 주인이 러시아 사람이에요. 그래서 그곳에 들러 러시아 말을 배우고 있죠."

"자네는 나중에 번역을 해도 되겠군. 톨스토이나 도스토에프스키 말고도 푸시킨, 투르게네프, 숄로호프, 고리키 같은 작가도 있으니까. 러시아 문학 유산이 생각보다 풍부하지."

두 사람은 밤이 깊도록 술잔을 기울이며 말을 주고받았다. 석은 학교에 부임한 지 여섯 달이 훌쩍 지났지만 다른 교사들과 사귐은 활발하지 않았다. 나이 차도 컸지만 무엇보다도 결벽증적인 석의 성격 때문에 어울리는 게 쉽지 않았고, 석의 스타일리시한 차림새를 보수적인 교사들이 못마땅하게 여기는 탓도 있었다.

"자네 혹시 연극 지도해 볼 생각 없나? 우리가 늘 술만 마시는 건 아니니까, 학교 끝나고 학생들 연극을 지도해 주면 어떤가?"

"연극요?"

"우리 학교가 미션 스쿨이지 않나? 그래서 해마다 크리스마스 때 공연을 한다네. 이번 연극은 자네가 맡아 주면 어때? 학생들 공연이니까 자리 지키면서 조언만 해 주면 돼. 어떤가?"

사실 석은 밤이 되면 외로움이 밀려올 때가 많았다. 경성에 있을 때는 하루가 멀다 하고 허준과 신현중이 찾아와 소주잔을 기울였지만 함흥에서는 김동명 이외에 친근한 이가 없었다. 종종 인쇄소를 운영하며 소설 쓰는 한설야가 두 사람과 동행하는 정도였다. 집으로 돌아오는 길은 아무리 취해도 쓸쓸했고, 늦은 밤이 되면 흰 바람벽에 무심한 천희의 얼굴만 쓸쓸히 오고 가곤 했다.

"이런 일도 언제까지 가능할지 알 수 없네. 요즘 일본 당국이 심상치 않네. 곳곳에 신사를 세운다는 소문이 파다한 걸 보면 미션 스쿨도 크게 영향을 받을 거야."

"저도 그런 느낌을 받았어요."

"요즘 시 쓴다는 친구들이 일본어로 시 쓰는 거 알지? 그나마 누리던 자유도 곧 사라질 거야. 나는 할 수 있는 한 학생들에게 다양하고 세련된 문화를 가르쳐야 한다고 생각하네. 가능한 순간까지 말이야."

석은 잠시 생각에 빠졌다. 선배 김동명의 말이 맞았다. 요즘 일본의 모습은 어딘지 모르게 조급해 보였다. 지난 8월 조선 총독 미나미 지로가 부임한 후로 심상치 않은 조짐들이 있었다. 부임하자마자 일장기 말소 사건으로 〈조선중앙일보〉를 폐간시키지 않았던가.

"학생들이 나보다 자네를 훨씬 잘 따르고 좋아하니 한번 나서 주게. 나는 교지 편집일로 시간을 따로 내기도 어렵거든. 어떤가?"

"네. 해 보죠. 이왕에 준비하는 거, 안석영 선배에게 연기 지도를 부탁해 볼게요."

"안석영? 그게 가능해? 요즘 영화 만든다고 한창 바쁘다고 들었는데."

"뭐. 안 되면 말죠. 제가 한번 부탁해 볼게요. 제 부탁이면 거절하기 힘들 겁니다."

"안석영이 와 준다면 정말 좋지. 학생들도 영화감독을 눈으로 직접 보면 더 좋아하겠지."

석은 그렇게 크리스마스 공연 총감독을 맡았다. 고된 일이었지만 어딘가에 전념한다는 것은 좋은 일이었다. 무엇보다 온갖 상념이 사라졌다. 눈치를 주던 동료 교사들에게 무신경해졌고, 흰 바람벽에 수시로 떠오르던 천희의 얼굴도 일에 파묻힐 때는 자취를 감췄다.

연극 연습이 한창이던 어느 가을날이었다. 선배 교사가 일신

상의 이유로 학교를 그만두게 되었다. 소문으로는 만주로 떠날 거라고 했다. 이래라저래라 간섭하는 일본 당국을 피해 좀 더 자유로운 만주를 택하고 싶다는 게 이유였다.

석은 동료 교사들과 어울리는 게 싫어서 송별회에 참석할지 망설이고 있었다.

"자네, 오늘 별일 없지? 내빼지 말고 가서 나랑 한잔 하세. 조용히 술만 마시다 오자고. 이런 자리 빠지면 나중에 또 욕을 먹는다네."

김동명이 백석을 꼬드겼다. 김동명은 백석의 마음을 이미 읽었는지 그를 꼭 붙잡았다. 후배를 걱정하는 선배의 마음이었다.

"저는 아무래도……."

"잔말 말고 따라오래도. 연극도 애써 지도해 주고. 내가 고마워서 술 한잔 따라 줘야지."

김동명은 전에 없이 백석의 팔을 붙들고 억지로 송별회장에 끌고 갔다. 석은 한쪽 구석에 자리를 잡고 앉았다. 술과 요리가 들어왔다. 석은 어색한 자리도 싫고, 추위로 차가운 몸도 덥힐 겸 연거푸 술을 마셨다. 피곤 때문이었는지 곧장 취기가 올라왔다.

그때였다. 가르마를 정갈하게 빗어 넘긴 한 여자의 얼굴이 눈에 들어왔다. 음식과 술을 시중드는 여인이었다. 그녀는 밖이 추웠는지 방 안에 들어오자 얼굴이 동백꽃처럼 붉어졌다. 추운 날

씨에도 아랑곳하지 않고 피어나는 한 떨기 고독하고 순결한 얼굴.

'란이다.'

백석은 여인을 보며 넋을 잃었다.

'란이다. 란이야.'

석은 손짓으로 그녀를 불렀다. 여인은 꽃망울이 조심스럽게 터지기라도 하듯 수줍게 웃더니 서서히 석에게로 다가왔다.

남들은 부를 수 없는 이름, 자야

그녀의 이름은 진향이었다. 함흥 권번 기생. 본래는 경성 출신으로 어릴 때 집안은 넉넉했지만, 친척이 집문서를 위조해 거금을 금광에 투자하면서 하루아침에 빚더미를 떠안고 파산하고 말았다. 하는 수 없이 가족의 생계를 위해 선택한 기생의 삶.

진향은 기생을 술과 음식을 시중드는 일로 여기지 않았다. 그녀는 기생이란 춤과 노래를 신명 나게 펼쳐 사람들을 위로하고 즐겁게 해 주는 일종의 기예꾼이라고 생각했다. 운이 좋았을까. 그녀는 그 시절 한국 전통 음악계의 대부 금하 선생을 만나 가곡과 궁중무를 익혔고 뛰어난 재주꾼으로 성장할 수 있었다.

그러다 우연히 진향은 조선 어학회 회원, 해관 신윤국 선생을 만나게 되고 그의 후원으로 일본으로 유학 가는 행운을 얻었다. 모든 일이 술술 풀려 가던 때, 안타깝게도 신윤국 선생이 일본 경찰에 붙들리는 일이 벌어졌다. 진향은 선생이 함경도 홍원 형무소에 갇혀 있다는 소식을 듣고, 유학을 포기한 채 서둘러 귀국하여 함흥에 와 있었다. 그런 그녀가 영생고 송별회 자리에 불려 나온 것이었다.

그녀는 지금 백석 앞에 앉아 있다. 석은 몰려드는 취기 탓인지 진향에게 몸을 기대며 중얼거렸다.

"오늘부터 그대는 나의 천희야. 나의 란이고, 나타샤고, 마눌님이야. 알았지? 나의 마눌님이라고!"

석은 몸을 제대로 가누지 못하고 진향의 품에 쓰러지고 있었다. 진향은 사슴처럼 슬픈 눈으로 자기 품을 파고드는 낯선 사내가 싫지 않았다. 어쩐지 사내는 사무치는 고독에 휩싸인 사람 같았고, 그런 고독은 진향에게 낯설지 않았다. 어릴 때 가족과 떨어져 회초리를 맞아가며 엄격하게 춤과 노래를 배우던 시절, 상처 입은 짐승처럼 밤에 홀로 흐느끼던 자신과 다를 바 없기 때문이었다.

"이런 큰일이군. 이봐, 백석! 백석! 정신 좀 차리지."

김동명이 진향의 품에서 허우적거리는 백석을 흔들었다. 하지만 석은 깊이 취했는지 제대로 대답하지 못했다.

"낭패로군. 자네가 오늘 이 사람 도와줘야겠는걸."

동명은 진향을 돌아보며 말했다.

"네. 괜찮습니다. 제가 보살펴 드릴게요."

"이 친구 이렇게 술이 약한 사람이 아닌데. 그럼 잘 부탁하네."

백석은 솜이불에 파묻힌 것처럼 편안했다. 마치 어머니 품에 안길 때 느꼈던 그런 포근함이었다. 진향은 취한 백석을 바라보며 자신도 모르게 한 손으로 백석의 머리를 쓰다듬었다. 건강하게 까만 얼굴, 오똑한 콧날, 매끄러운 턱선과 도톰한 입술까지 조각을 깎아 놓은 것처럼 잘생긴 얼굴이었다. 그런 얼굴에 왠지 모를 슬픔과 고독이 드리워져 진향은 석에게 짙은 연민을 느꼈고, 그 연민에서 평생 헤어나올 수 없다는 것을 알아차렸다.

그날 이후 백석은 학교 일이 끝나면 반룡산 기슭에 있는 진향의 집을 찾았다. 진향이 기생이라는 걸 알았지만 백석은 아랑곳하지 않았다. 틀에 얽매이지 않던 백석인지라 기생 신분이 두 사람의 만남을 가로막지는 못했다. 진향도 외로운 함흥 땅에서 자기를 진정으로 위해 주는 최고의 엘리트 시인 앞에 속절없이 마음의 족쇄를 풀었다.

두 사람은 밤이 늦도록 헤어질 줄 몰랐다. 늦은 밤 다음 날 출근을 위해 어쩔 수 없이 집으로 돌아올 즈음에는 언제나 진향이 바래다주었고, 그럼 또다시 석이 진향을 위해 오던 길을 되짚다 동이 터 오던 게 한두 번이 아니었다.

석은 진향에게 속삭이듯 부드럽게 말했다.

"난 당신이 믿기지 않아요. 내 곁에 있다는 게. 함흥은 대체 어떻게 온 거요?"

"말하자면 길어요. 저도 얼마 전까지 일본에서 유학하고 있었어요."

"일본에서?"

"네. 모두 신윤국 선생님 덕이었죠. 저는 춤과 노래도 배웠지만 글씨도 곧잘 썼거든요. 그게 소문이 났는지 조선 어학회 선생님들이 종종 구경을 오시고는 했죠. 그러다 신윤국 선생님이 저를 가엾게 보시고는 기생 일을 그만두고 공부를 해 보라는 거예요. 계획대로였다면 저는 일본을 거쳐 미국에서 대학을 다녔을지 몰라요. 그럼 우리 둘은 못 만나겠지요."

"저런. 그건 좀 아닌걸."

"일이 터졌어요. 일본 경찰이 신 선생님을 옥에 가뒀다고 하더군요.* 함경도의 홍원 형무소에 말이에요."

"저런 딱하게 됐군"

"더는 공부를 못하겠더라고요. 은인께서 붙잡혔는데 어떻게든

---

* 신윤국(신현모) 선생은 1937년 수양 동우회 사건으로 처음 검거되었다. 수감된 곳도 홍원이 아니라 경성이다. 자야 여사는 이때를 1936년으로 기억하고 있고 관련 사건도 조선 어학회 사건으로 언급하고 있으나 이는 착오로 보인다.

면회라도 해야 할 것 아녜요. 그분을 하루빨리 옥에서 꺼내 드려야 한다는 생각뿐이었죠. 그래서 곧장 귀국해서 이곳에 온 거랍니다."

"그래서? 어떻게 됐소?"

"아무리 애걸해도 면회조차 못하게 하더군요. 그래서 하는 수 없이 다시 기생이 됐어요. 기생이 되면 높은 사람들과 만날 기회를 얻을까 봐. 그렇게 해서라도 그분을 돕고 싶었지요. 그런데 그 첫날 당신을 만난 거예요."

"……."

"신 선생님께는 한없이 죄송하지만 지금으로서는……. 저는 앞으로 신 선생님을 구명하는 일이라면 뭐든 나설 작정이에요."

"그래야지. 나도 도울 거요. 우리말을 연구하는 분이라면 더 그래야지."

백석은 진향이 좋았다. 하루라도 진향을 찾지 않으면 일이 손에 잡히지 않고 불안해서 학교 수업도 엉망이 되곤 했다. 진향의 품속에 있으면 마치 어머니 품에 있는 것처럼 포근했다. 어린 시절 어머니는 늘 바쁘셨다. 가난한 집 살림을 챙기시느라 삯바느질에 늘 밤을 지새우시고, 농사일에, 하숙집 뒤치다꺼리에 항상 바빠서 어린 석을 돌볼 처지가 아니셨다. 어른이 되어 타지 생활을 하면서도 석은 늘 어머니 품이 그리웠다. 그런 그에게 진향은 어머니 품처럼 편안한 존재였다. 그녀와 함께 있노라면 막혔던 글도 물꼬가 터진 듯 쓸 수 있었고, 잘 읽히지 않던 영문 소설도 금방 속도가 붙었다.

한 가지 고민이 있었다. 석은 진향을 보면 볼수록 통영의 란이 떠올랐다. 석은 여전히 란을 잊지 못했다. 수선화처럼 옅은 미소의 박경련. 그녀의 자취가 뇌리에서 떠나지를 않았다. 석은 진향을 찾을 때마다 죄책감에 시달렸다.

석은 결심을 해야 했다. 두 사람을 마음속에 두고 살 수는 없다. 그건 박경련에게도, 진향에게도 죄를 짓는 것이다. 그즈음 고향 집에서도 결혼이 늦다는 책망이 오가고 있었다. 큰아들로서 어서 장가를 들어 집안을 보살펴야 하지 않겠냐는 아버지의 질책이 이어졌다. 혼인. 그건 아무래도 진향과는 거리가 있었다. 보수적인 부모님이 기생이던 여자를 며느리로 생각할 리 만무했다.

마침내 석은 결단을 내렸다. 진향이 아무리 정겹고 사랑스러워도 부모님을 설득하기는 어렵다. 지금 당장 진향에게 빠져 있지만, 첫사랑, 첫정이던 경련을 잊을 수 없다. 진향을 볼 때마다 경련이 떠오를 텐데, 이건 자기를 애절하게 바라보는 진향에게 해서는 안 될 일이다. 차라리 진향과 더 애틋해지기 전에 이쯤에서 그녀를 놔주는 게 그녀가 앞으로 누군가를 만날 기회를 터주는 일이다.

'그래. 란이에게 청혼하자. 그 사람을 잊을 수 없는데, 더는 늦출 수는 없어.'

석은 마음을 먹자 곧장 경성으로 내려갔다. 그리고 준을 찾았다. 크리스마스 공연이 끝나고 한 해가 끝나가는 12월이었다.

"준아! 통영에 다녀와야겠다."

"갑자기 왜?"

"란이한테 청혼하러 가야겠어. 더는 못 견디겠어. 너도 같이 가 줄 거지? 현중이도 같이 가면 좋고!"

"알았어. 마음이 급한 모양이네. 그런데 현중이는 아마 안 갈 거다. 무슨 일인지 통 연락도 안 되고 소원해진 지 꽤 됐다. 그 친구 요즘 복잡해. 김자옥 씨랑 파혼했어. 무슨 이유인지 모르지만 김자옥 집안이 기울어가는 게 이유일 거야. 경제적으로 어렵다더군."

"뭐? 결국 그렇게 됐군. 알았어. 그럼 너라도 같이 내려가자."

"너, 이번에 꽤 진지하다."

"그럼 진지하지. 함흥에서 경성으로, 다시 통영으로 이 먼 길을 괜히 가겠어?"

그렇게 석은 준과 함께 사랑을 찾아 떠났다. 석은 시집도 내고, 존경받는 교사도 되어 자신감이 있었고, 그보다 이번이 아니면 안 된다는 절박함이 있었다.

오랜만에 내려간 통영은 여전히 정겹고 따뜻했다. 석은 서병직과 함께 경련의 집을 찾았다. 하지만 이번에도 석은 끝내 경련을 만나지 못했다. 함흥에서 온 낯선 사내가 딸에게 청혼한다는 말을 전해 듣고 경련 어머니는 펄쩍 뛰며 딸을 다른 곳에 보내두었다.

"경련이는 지금 집에 없어요. 그리고 이렇게 불쑥……."

"이모님. 이분은 유명한 시인이기도 하고, 〈조선일보〉에서 기자로도 일했고, 지금은 함흥 영생고보에서 학생들을 가르치는 아주 훌륭한 분이에요."

경련의 어머니는 조카의 말에 긴장이 풀렸는지 한숨을 쉬었다. 어차피 딸 아이가 결혼할 나이가 되어 혼사를 알아봐야 했는데, 어쩌면 좋은 자리가 될 수 있다는 생각이 들었다. 그렇더라도 처음 보는 낯선 사내에게 딸 아이를 맡기기는 불안했다.

"아무리 그래도 그렇지. 병직아. 이분을 당분간 모시고 있어라. 내 알아볼 게 있으니."

경련 어머니는 조카 서병직에게 백석과 준을 떠맡겼다. 서병직은 예전처럼 준과 석을 데리고 통영 시내를 유랑했다. 그사이

경련 어머니는 서울 사는 오빠 서상호에게 급히 연락을 취했다. 서상호는 경련의 외삼촌으로 통영 출신 유력자였다. 그는 언론계 일을 하며 경성 가회동에서 지내고 있었다. 누이의 부탁에 서상호는 백석이 어떤 인물인지 서둘러 수소문 했다.

'함흥 영생고보 영어 교사, 고향은 평북 정주, 일본 아오야마 졸업하고 〈조선일보〉 기자로 일했군. 〈조선일보〉?'

서상호는 〈조선일보〉 기자라는 데에 눈길이 멎었다.

'그럼 신현중을 만나 보면 어떤 친구인지 바로 알겠군.'

서상호는 평소 잘 알고 지내던 통영 출신 후배 신현중을 찾았다. 서상호는 〈조선중앙일보〉 전무로 일한 만큼 언론계에 영향력이 있어서 같은 고향 출신 사회부 기자 신현중을 잘 알고 지냈다. 신현중은 고향 선배의 부름에 가회동으로 한달음에 달려왔다.

"석이만 놓고 보면 아주 좋은 친구죠. 그런데……."

"그런데?"

"그런데 선배님 댁과 인연을 맺을 수도 있다니 말씀을 안 드릴 수도 없고."

"무슨 얘기야?"

"다른 게 아니라……"

신현중이 뜸을 들였다.

"자네 이렇게 뜸 들일 건가? 만약에 우리 경련이가 잘못되기라

106

도 하면 다 자네 책임일세. 아비도 없이 아픈 애인데 좋은 곳에 시집가야 한단 말일세. 알았나?"

"사실은 어머니가 기생 출신이라는 소문이 있거든요."

"뭐라고 기생? 기생 아들이 우리 경련이랑 혼인할 생각을 했다고? 이런 괘씸한! 더는 말할 것 없네."

현중은 해서는 안 될 말을 하고 말았다. 백석 어머니가 기생 출신이라는 것은 기자들과 작가들 사이에서 공공연한 소문이었다. 그건 아버지와 어머니의 나이 차가 워낙에 커서 생긴 뜬소문이었고, 《사슴》에 실린 첫 작품 〈가즈랑집〉에 무당 이야기가 나와서 생긴 억측이었다. 어찌 됐든 석의 어머니가 기생이라는 소문은 석에게 이로울 게 전혀 없는 악담이나 마찬가지였다. 그런데 그 소문을 친구의 혼사가 오가는 중에 현중이 그만 내뱉고 만 것이다.

서상호는 신현중의 말을 듣고 분한 기색이 역력했다. 마치 서씨 집안이 큰 모욕이라도 당한 것처럼 분개했다. 결국 혼인은 성사되지 못했다. 백석에게 돌아온 것은 싸늘한 답장이었다. 기생 출신 집안과는 혼인할 수 없다는 것이었다. 석은 괴로웠다. 누가 자기를 기생의 아들이라고 헛소리를 했는지 알 길이 없었다. 수치스럽고 속이 상했다. 무엇보다 아무 죄 없는 어머니의 명예에 먹칠했다는 게 도무지 용서되지 않았다.

혼인이 깨지고 난 후 백석은 곧장 함흥으로 올라왔다. 하지만 제정신으로 버티는 게 힘겨웠다. 그는 독한 술을 마시고 성천강 둑길을 위태롭게 거닐었다. 어두운 강둑길을 비틀비틀 거닐며 미친 듯이 캄캄한 강물을 향해 소리를 질러댔다. 외롭고 쓸쓸했다. 차갑고 싸늘한 강바람 탓에 독한 술을 마셔도 취기가 느껴지지 않았다.

석은 함흥 시내로 돌아와 또다시 술을 마셨다. 그 누구에게도 자신이 겪은 일을 털어놓을 수 없어 외로움은 더없이 깊어졌다.

술집의 따뜻한 기운 탓이었을까. 억눌렸던 취기가 한꺼번에 올라왔다. 석은 비틀거리며 함흥 시내를 거닐었다. 그의 발길은 자신도 모르게 반룡산 기슭으로 향했다. 달빛도 없는 밤, 싸늘한 겨울바람이 옷깃을 파고들어 석은 얼음장처럼 차갑게 변하고 있었다.

그렇게 술에 만신창이가 되었을 때, 누군가 다급하게 백석을 향해 뛰어왔다.

"이런 세상에 얼마나 마신 거예요?"

진향이었다. 그녀는 나무토막처럼 뻣뻣하게 굳어 버린 백석을 붙잡았다. 석은 그날부터 사흘 동안 몸져누웠다. 머릿속도 아팠지만 마음은 더 시렸다. 진향은 바깥출입도 삼간 채 석을 돌봤다.

"내가 얼마나 누워 있었지?"

"사흘을 꼬박 누워 있었어요. 첫날은 술에 취한 줄만 알았는

데, 이마에 열이 펄펄 끓어서 의원이 왔다 갔었잖아요. 수염이
관우처럼 긴 분이었는데 당신과 고향이 같다면서요."

"그랬나? 난 꿈에 본 줄 알았네. 고맙소. 나 같은 사람을 받아
주는 사람은 당신밖에 없구려. 미안해요."

"무슨 그런 말을."

진향은 아무것도 묻지 않았다. 요즘 같은 때에 지식인으로서
제정신을 갖고 사는 게 어렵다는 것을 짐작하고 있었고, 백석처
럼 멋스러운 사람에게 한두 명쯤 잊기 어려운 연인이 있을지 모
른다는 생각도 예전부터 하고 있었다. 그의 시집만 읽어 봐도 백
석이 누군가를 연모해 온 것을, 그것이 비극적인 결말로 끝난 것
을 알 수 있었다. 그러니 백석에게 지난 일을 물어본들, 상처만
후벼 파는 일이라는 걸 진향은 잘 알았다.

석은 자신을 극진히 살펴 주는 진향에게 진심으로 미안한 마
음이 들었다.

"내가 무엇 때문에 이렇게 됐는지 안 궁금해요?"

"아무 말 안 해도 돼요. 저는. 저 같은 떠돌이를 당신이 아껴
주는 것만으로 충분하죠."

석이 통영에서 있었던 일을 말하려 해도, 자기와 떠나 더는 만
나지 않으려 했다는 것을 말하려 해도, 진향은 한사코 들으려 하
지 않았다. 뻔히 사정을 짐작하거니와 이야기를 꺼내고 나면, 석

이 미안한 마음에 자신을 떠날지도 모른다는 불안감이 진향에게 엄습했다. 차라리 아무 말도 듣지 않고 모른 체하며 옛일을 잊는 게 사슴처럼 연약한 이 남자를 오랫동안 곁에 둘 방법이라고 진향은 돌려 생각했다.

두 사람은 그 후로 잠시라도 떨어지면 못 살 것 같은 그리워하는 사이가 되었다. 일과가 끝나면 석은 반룡산 기슭으로 향했고 두 사람은 긴 밤 동안 꼭 붙어 있었다. 백석은 학생들에게 수업할 유명한 영국 시들을 진향에게 먼저 읽어 주었고, 자신이 읽는 《테스》의 줄거리를 들려주기도 했다. 시골 처녀였던 사랑스러운 테스가 가난 때문에 순결을 빼앗기는 장면에서 진향은 감정이 몰입되어 엉엉 울기까지 했다. 가난 때문에 기생이 된 자신과 너무 닮은 까닭에 감정을 주체하지 못한 까닭이었다.

주말이 되면 두 사람은 함흥의 명소를 찾아다녔다. 휴일이면 반룡산 기슭에 있는 함흥 읍성의 북장대인 구천각에 올라 시가지를 바라보며 산바람을 쐬었고, 때때로 성천강을 가로지르는 만세교를 찾아 다리 위를 지중지중 거닐며, 노을이 지고 개밥바라기 별이 뜨는 해 질 녘 풍경을 즐겼다.

시간이 넉넉할 때는 서함흥 역에서 가까운 구룡리 해수욕장에도 다녀왔다. 맑은 동해 바다 중에 더 맑은 구룡리 앞바다에는

10리가 넘는 모래사장이 펼쳐져 있었고 워낙에 모래가 고와서 맨발에 닿는 감촉이 간지럽게 좋았다. 백석과 진향은 맨발로 모래사장을 거닐며 발뒤꿈치로 물밑을 쑤셔서 대합 조개, 명주 조개, 고추 조개 같은 것들을 잡아 숯불에 구워 소주 한잔을 곁들였다.

저녁이면 밥상에는 또 다른 바다가 펼쳐졌다. 가재미를 뒤섞은 회국수에, 잘 발효된 식해가 일품이었고, 명태골국에 해삼탕, 도미회에 은어젓은 바다 향이 온몸으로 스며들 정도였다. 고추 무거리에 막 썰어 낸 무를 넣고 명태 창난젓과 함께 비벼 먹는 맛도 바다를 느끼는 데는 충분했다. 때때로 전복회에 소주를 마셨고, 흰밥과 가재미와 고추장을 즐겼다.

자연스레 석의 머릿속에는 시상이 맴돌고, 입가에는 시어들이 꿈틀거렸다. 그럴 때마다 석은 집에 돌아와 곧장 시를 써 내려갔고 그 시를 수줍게 진향에게 보였다. 그는 이미 유명한 시인이었지만 시를 보일 때면 어김없이 부끄러움이 앞섰다. 진향은 언제나 석이 쓴 시의 최초의 독자였다. 그녀는 너른 석의 품에 안겨 그가 그려 놓은 시의 바다에 흠뻑 취했다. 사랑하는 진향과 고향 같은 바다, 바다에서 나는 숱한 생명들은 석의 시심을 부추겼고 그를 종종 황홀경에 빠뜨렸다. 더할 수 없이 평화롭고 아름다운 나날을 석은 누리고 있었다.

그러던 어느 날 진향이 책을 한 권 사서 가지고 왔다. 오랜만에 함흥 시내에 들러 일본인이 운영하는 백화점에서 잡지 두어 권과 《자야오가》라는 한시 모음집을 구입한 것이다. 석은 한참을 들여다보더니 책을 내려놓고 진향을 불렀다.

"내가 당신 이름을 하나 지었으면 해요."

"이름요?"

"그래 이름. 나만 부를 수 있는 이름 말이지. 남들은 부를 수 없는 이름."

"네? 좋아요. 난 당신이 지어 주는 거라면 뭐든 좋아요."

"아무렇게나 지으면 어쩌려고?"

"그럴 리가요. 얼마나 세심하게 잘 고르실까?"

"자야."

"네?"

"자야."

"자야라뇨?"

"그래 자야. 당신은 이제 나의 자야란 말이야."

"자야? 자야, 자야! 네 좋아요. 평범하지도 않고 뭔가 특별하게 들려요."

석은 진향을 품에 품고 이태백의 시 〈자야오가〉가 있는 부분을 펼쳤다.

장안의 달은 휘영청 밝은데

집집마다 다듬이 소리가 처량도 하구나

가을바람은 그치지를 않으니

모든 것이 애끓는 정을 불러일으키네

언제쯤 오랑캐를 물리치고

멀리 떠난 그이가 돌아오실까.

　　　　　　　　　　－〈자야오가〉中에서. 이백.

　"옛날 중국 동진 시절에 자야라는 한 여인이 있었지. 남편은 나라를 지키기 위해 변방으로 떠났고, 여인은 그리움에 쌓였어요. 계절은 어느덧 가을이 되어 바람이 불고 달은 휘영청 밝은데 여기저기에서 다듬이질 소리가 끊이질 않았지. 그 소리를 듣고 여인은 남편 생각이 더 간절해졌어요. 다들 남편들이 겨울에 입을 누비 솜옷을 장만하느라 바쁘게 다듬이를 두드리는데, 자신은 솜옷을 입힐 남편을 멀리 떠나보냈으니까. 오지 않는 님이 사무치게 그리웠던 거지. 자야는 떠나간 임을 그리워하며 애타게 노래를 불렀고 그걸 듣고는 이태백이 한시로 남겼던 거요."

　석의 말을 듣자 진향은 눈시울이 붉어졌다. 누군가를 그리워하며 살아야 하는 삶이 어쩌면 자기 운명처럼 느껴졌기 때문이다.

　"당신! 내가 아무리 멀리 있어도, 아무리 힘든 일이 닥쳐도 날

사랑하는 사람으로 오래 남아 줄 거지?"

"그럼요."

자야는 눈물을 글썽이며 석을 바라보았다.

"앞으로 나의 자야가 되어 줘요. 나의 자야가. 자야가 남편을 그리워하며 노래를 불렀듯 나는 당신을 위해 시를 쓸 거요."

석은 두 팔로 진향을 더 세게 끌어당기며 말했다.

"네. 당신의 자야가 되어 줄게요. 행여 우리가 헤어지는 날이 오더라도 저는 당신을 잊지 않을 거예요. 절대로."

진향, 아니 자야는 두 눈에 눈물이 가득 담긴 채 백석을 올려 보았다.

가난한 내가 아름다운 나타샤를 사랑하고

추운 겨울이 지나고 봄을 재촉하듯 비가 추적추적 내리는 날이었다. 겨울은 지났지만 비가 내려서 서늘한 기운이 감돌았다. 석은 수업이 끝나자마자 현관으로 나섰다. 날씨 탓인지 서둘러 귀가해서 자야와 함께 뜨끈한 국수를 삶아 먹어야겠다는 생각뿐이었다.

현관을 나설 때였다. 〈조선일보〉 석간이 한쪽에 놓여 있었다. 석은 신문을 집어 들었다. 석은 다른 곳은 잘 안 봐도 왼쪽 귀퉁이에 실린 인사면은 잘 살폈다. 허준, 신현중, 홍기문, 이갑기처럼 자신과 가깝던 신문사 사람들 소식이 궁금했기 때문이었다.

신문을 보던 석은 자기 눈을 의심했다. 숨이 턱 막히고 머리가 하얘졌다. 이럴 수가. 어떻게 이럴 수 있을까.

'신현중 씨(본지 기자) 7일경 남통영 명정리에서 박경련 양과 결혼식 거행.'

신현중이 박경련과 결혼을? 내게 박경련을 소개해 준, 그 신현 중이 박경련과 혼인했다고? 석은 커다란 망치로 머리를 두들겨 맞은 것처럼 큰 충격을 느꼈다. 석은 눈을 비비고 다시 한번 신 문을 노려보았다. 하지만 인쇄된 글자는 한 치의 오차도 없이 신 현중과 박경련의 혼인을 알릴 뿐이었다.

신현중. 그 친구였군. 그 친구였어. 나의 청혼을 허무하게 무너 뜨린 사내가. 내 어머니가 기생 출신이라고 우리 집안을 모욕한 친구가. 내가 한때 사랑하던 여인과 결혼이라니 어떻게 그런 일 을. 통의동 하숙에서 소주잔을 기울이며 서러운 사랑 이야기를 들 어 주던 그 친구가 내 사랑을 무참히 빼앗을 줄이야. 우정 따위는 소용없군. 다 소용없어. 세상은 그저 외롭고 쓸쓸할 뿐이야.

석은 미칠 듯이 괴로웠다. 신현중과 통영을 다녀오던 마지막 날. 그는 어쩐지 전과 다르게 고민이 많은 것처럼 보였다. 그 고 민이란 게 약혼녀와 파혼하고, 친구의 사랑을 빼앗을 궁리였다 는 생각에 석은 몸서리를 쳤다. 아무리 약혼녀의 집안이 몰락하 고, 박경련 집안이 넉넉해 보였어도, 어떻게 우정과 의리를 손쉽 게 저버릴 수 있단 말인가. 그런 사람이 민족을 걱정하고 정의를 추구한다니…….

석은 신문을 떨어뜨리고 우산도 받지 않은 채 비 오는 교정을 걸었다. 누군가 뒤에서 부르는 소리가 들렸다. 김동명이었다. 석은 뒤돌아보지 않았다. 김동명이 우산을 들고 바쁜 걸음으로 쫓아오자, 석은 뛰기 시작했다. 흙탕물로 변한 빗길을 석은 마구 뛰었다. 옷깃은 다 젖고 머리는 헝클어졌지만 아무 상관이 없었다.

이미 통영의 란은 자기와 상관없는 사람이었다. 누구랑 혼인하든, 평생을 홀로 지내든 어차피 자기는 거절당한 사람이었다. 하지만 신현중. 이 친구는…….

석은 이날 곤드레만드레 취해서 자야에게로 갔다. 이미 지난 일이지만 도저히 제정신으로 있기 어려웠다. 사랑스러운 자야는 여전히 아무것도 묻지 않았다.

"무슨 술을 이렇게 많이 마셨담."

자야는 처음부터 생각했다. 석이 누군가를 사랑했고, 그 사랑이 이루어지지 않았고, 그것 때문에 여전히 괴로워한다는 것을. 자야도 석의 시집을 읽고 란, 혹은 천희를 알고 있었다. 그래도 자야는 석을 원망하지 않았고, 석이 사랑하던 그 사람을 질투하지 않았다. 석이 자신을 기생이 아니라 사람으로서 따뜻하게 존중하고 진실하게 사랑해 주는 게 너무나 고마울 뿐이었다.

"아, 지금이 몇 시지?"

"일어났어요? 괜찮아요? 술을 얼마나 마신 거예요. 비를 흠뻑 맞고."

"아, 머리가 깨질 것 같네."

"가만 누워 계세요. 학교에 사람을 보내서 오늘 하루 결근한다고 일러뒀어요."

자야는 전복죽을 석 앞에 내어 놓으며 말한다.

"속이 엉망일 텐데 죽을 드시면 가라앉을 거예요."

석은 아무 말 없이 고개를 끄덕이며 죽을 뜨기 시작했다. 애틋한 전복죽 덕분일까. 석의 분노는 차츰 누그러지기 시작했다.

"요즘 학교 일은 괜찮으세요?"

"좋지는 않지."

"들어 보니까 일본군이 교실까지 들어와서 감시한다고도 하고, 앞으로 조선어 시간도 없어질 거라고 하던데. 당신은 괜찮은 거죠?"

자야는 어제 일을 모른 체하려고 화제를 돌렸다.

"아직은 괜찮지."

"일본이 전쟁을 일으킬 거라는 소문이 함흥 시내에 파다하게 퍼졌던걸요. 중국을 공격할 거라고."

"미쳤지. 전쟁에 미친 거야."

"저는 무서워요. 요즘 아무 이유 없이 옥에 갇히는 사람도 많다던데."

"보호관찰령* 때문일 거야. 조금이라도 낌새가 수상한 사람은 잡아 두고 보자는 심사지."

"무서워요. 혹시 당신이 붙잡혀 가는 일은 없겠지요?"

자야는 불안한 눈빛으로 석을 바라보았다. 석은 빙긋이 웃으며 말했다.

"나는 정치나 세상일에 관심이 없어요. 세상 같은 건 더러워 버린 지 오래됐는걸."

"그래도 당신은 타협하는 사람이 아니잖아요. 그래서 행여라도 맞설까 봐 걱정돼요."

"그런 일은 없을걸. 난 내 뜻과 안 맞으면 산중으로 더 깊이 들어가 버릴 거요."

석은 어제 일을 한마디도 묻지 않는 자야의 배려가 고마웠다. 석은 생각했다. 이제 신현중은 내게 없는 사람이다. 그는 수첩을 꺼내 신현중이 적힌 페이지를 미련 없이 뜯어냈다. 그 페이지를 따라 통영의 바다와 천희도 백석의 기억으로부터 멀어져 갔다.

●　조선 사상범 보호관찰령으로 1936년에 공포되었다. 이 법에 따라 징역형을 선고받은 사상범은 형기를 마치더라도, 거주와 취직, 여행의 자유와 타인과의 접촉은 엄격히 제한되었다.

석은 집으로 돌아오는 길에 묵묵히 생각했다. 자야 같은 여인은 없다. 그러니 그녀를 포기할 수 없다. 어떻게든 부모님을 설득하자. 그게 어렵다면, 그래서 세상 사람들이 그녀를 기생이라 욕하고 손가락질한다면, 차라리 세상 같은 건 버리고 그녀와 함께 떠나자.

요즘 같은 시절, 정녕 어디론가 떠나 자야를 곁에 두고 오랫동안 자유롭게 시만 쓰고 싶다. 친구의 배신도 배신이러니와 자야 말처럼 일본 당국이 심상치 않았다. 그들이 독일, 이탈리아 동맹에 참여한 것도 벌써 1년 전. 사람들 말대로 전쟁이라도 일어난다면, 일본이 조선을 그냥 놔둘 리 없을 것이고, 강압적인 정치를 펼칠 게 뻔한 일이었다.

1937년 7월. 마침내 일본은 중국을 침략했다.

"이럴 수가. 자네도 알고 있었나?"

"네?"

"조선 문예회 말일세. 거기에 가입하지 않길 잘했군."

"아, 네. 최남선이랑 이광수 말씀이시군요."

"아무리 전쟁이 났어도 그렇지. 어떻게 일본을 찬양하는 글을 서슴지 않고 쓸 수 있지. 안서 김억까지 이럴 줄 누가 알았나? 죽은 소월이 스승이 변절한 걸 알면 땅속에서 피눈물을 쏟을 걸세. 〈황군 격려가〉, 〈종군 간호부의 노래〉 이따위 것들을 내로라하는 조선의 작가들이 쓰고 있다니."

김동명은 분개했다. 화가 쉽게 가라앉지 않는 모습이었다.

"그러게요. 일본이 전쟁을 일으키자마자 기다렸다는 듯이 찬양하는 글을 쓰는 게……."

"〈독립 선언서〉를 썼다는 이들이 어찌 이럴 수가 있단 말인가? 참. 나라 꼴이 우습게 되었군."

"선배님도 조심하세요. 일본 당국이 유독 작가들을 회유하려고 기를 쓰는 것 같더라고요. 일본을 찬양하든가, 그도 아니면 일본어로 시를 쓰라고 말이죠."

"함흥 같은 외진 곳에 별일 있으려고. 어찌 됐든 일본이 무섭네. 중국 본토를 덮칠지 누가 상상이나 했겠나?"

"저도 어떻게 해야할지 고민이 많습니다."

"그건 그렇고. 며칠 전에 경성에 다녀온 일은 잘되었나? 지난번처럼 속상하다고 술 잔뜩 먹고 빗길에 뛰어다니면 안 되네. 참, 가족들도 경성으로 이사했다면서."

"네. 벌써 꽤 됐죠. 경성에선 아버지를 뵙고 왔습니다. 혼인을 서두르시더라고요."

백석은 풀이 죽은 채 대답을 이어 갔다. 요 며칠 백석은 경성으로 이사한 부모님을 뵙고 왔다. 다른 이유는 아니었다. 어서 혼인하라는 독촉만 받고 왔다. 백석의 부모는 장남이 장가도 들지 않는 게 안타까웠다.

석은 아버지께 자야를 넌지시 말씀드렸다. 직접 대놓고 말씀드리지 않고 에둘러 자야 같은 여자는 어떤지 물어본 것이었다. 아버지는 노발대발했다. 일본 유학 출신에 유력 신문사 기자, 영생 학교 선생이 무엇이 아쉬워 자야 같은 여자를 아내로 맞이하냐며 불같이 성을 내셨다. 아버지는 어머니 주변에 떠도는 기생 출신이라는 소문 때문에라도 자야를 인정할 수 없었을 것이다.

석은 생각했다. 조선에서 결혼은 어렵다. 부모님이 자야를 받아 주는 것은 불가능하다. 만약 자야와 끝내 결혼한다면 자야는 가족들에게 외면당할 것이고, 사람들에게 비난과 비아냥을 들어야 할 거다.

"선배님!"

"왜 그러나?"

"만주는 어떨까요?"

"갑자기 만주라니?"

"조선보다 자유로울 것 같다는 생각이 들어서 말이죠."

"아무래도 그런 면이 있겠지. 일본 식민지나 다름없지만 여기보다 좀 더 자유롭겠지. 만주에 가려고?"

"그냥 생각해 본 겁니다."

석은 만주를 떠올렸다. 그곳은 조선처럼 유교적인 질서나 문화가 엄격하지 않을 것이고, 일본의 통제나 감시도 조선보다 느슨할 것 같았다. 그곳에서라면 과거를 숨기고 더 자유로운 삶이 가능하지 않을까. 시를 쓰는 것도, 사랑에 빠지는 것도 말이다.

"어디든 쉬운 곳이 있을까? 자네는 그저 내 곁에서 학생들 가르치며 시를 쓰는 게 좋지 않겠어? 언제까지 가능할지 모르는 일이지만 말이야."

"네. 그냥 한번 생각해 본 겁니다."

요즘 함흥의 분위기는 점점 사나워지고 있었다. 일본이 중국을 침략하면서부터 그들은 조선의 내부를 더욱 통제하기 시작했다. 그들은 전쟁 준비를 위해 사상범을 단속했고, 공문서에서 조선어 사용을 금지했으며, 조선어 교육도 서서히 폐지할 계획을 세우고 있었다. 작가, 예술가, 지식인을 회유해서 일본에 동조하는 작품을 발표하게 했고 그것으로 침략 전쟁을 정당화하는 데 이용했다. 조만간 당국이 일본어만 써야 한다고 강요할지도 모를 일이었다. 이런 통제적이고 억압적인 분위기가 석은 싫었고 이참에 자야와 함께 자유로운 만주로 떠날까 고민하고 있었다.

초겨울로 접어들 때였다. 석은 오랫동안 고민해 온 이야기를 자야에게 꺼내려 했다. 석은 자야를 은근하게 불렀다.

"자야! 내가 당신에게 상의할 게 하나 있어."

"네?"

"내가 당신과 떳떳하게 살 방도를 하나 찾았지."

"네?"

"들어 봐요. 나는 요즘 함흥이 싫어졌어. 당국의 압력도 거세지고 사람들은 여전히 낡은 관습에 얽매여 살고. 그래서 여길 떠나 더 자유로운 곳으로 가는 게 어떨까 해요. 당신과 내가, 보다 넓은 세상에서 함께 살면 좋지 않겠어?"

"그런 곳이 어디 있겠어요?"

"있지! 만주는 어때? 광활한 만주 벌판이라면 우리가 누군지도 모를 테고, 우리를 신경 쓰는 사람도 없겠지. 그렇지 않겠어?"

석은 환하게 웃으며 평소와 달리 호들갑을 떨었다. 마치 철없는 어린애가 부모에게 어린 양이라도 떠는 것처럼 꾸밈이 없었다.

자야는 갑자기 입을 다물고 깊은 고민에 빠진 사람처럼 침울해졌다. 석은 자야의 반응에 당황했다. 자야가 뛸 듯이 좋아할 것으로 여겼는데 반응이 신통치 않으니 어찌 된 영문인지 알 수 없었다.

"저야 어디든 당신과 함께라면 좋죠."

"그런데 표정이 왜 그래? 조선을 떠나자는 게 너무 갑작스러워서? 정리할 시간은 충분하니 너무 서운할 필요는 없어."

그날 후로 백석은 분주하게 만주행을 알아보았다. 그는 신징으로 갈 작정이었다. 그곳은 먼저 이주한 조선 사람들이 적지 않아 두 사람이 적응하는데 큰 어려움이 없을 것 같았다.

자야는 두려웠다. 자기는 누구랑 어디에 있어도 상관없었다. 하지만 사랑하는 백석은 자신을 위해 조국을 버리고, 사랑하는 가족을 잃고, 젊은 날의 꿈도 희생해야 한다. 앞날 창창한 백석이 자기 때문에 모든 걸 버려야 한다니 그걸 받아들일 수 없었다.

밤새 고민하고 또 고민해 봐도 자야의 결론은 한결같았다. 젊은 날의 사랑을 위해 만주로 떠난다 하자. 그곳에서 백석이 할 수 있는 일은 뭘까? 그곳에서도 지금처럼 어엿한 영어 교사로 일할 수 있을까? 그곳에서 시를 쓰고 지식인들과 교우할 수 있을까? 가족들을 영영 버리고 사는 게 가능할까? 그것도 한 집안의 장남이? 자기로 인해 그 모든 것을 버린다는 순수한 정열에 빠진 저 이를 어떻게 해야 할까? 그의 찬란한 미래를 어둠의 나락으로 떨어뜨린다면 그 죄책감을 어떻게 감당할 수 있을까?

자야는 모든 게 두렵고 원망스러웠다. 자기 집안이 몰락한 것도, 기생의 삶을 선택한 것도, 함흥 땅에 온 것도 다 자기를 옥죄는 느낌이었다. 차라리 함흥을 떠나자. 그를 떠나자. 그것이 사랑하는 사람에게 가족과 미래와 조국을 지키게 하는 일이다.

눈발이 흩날리는 새벽. 자야는 두 손에 보따리를 들고 기차에 올랐다. 하얗게 슬픈 것들이 어두운 하늘을 뒤덮고 눈물은 방울방울 떨어져 시야는 알 수 없는 미래처럼 흐릿했다. 어디로 가야 할지, 어떻게 살아갈지 막막했지만 그녀는 무작정 경성행 기차를 탔다. 타는 순간 자신이 백석 없이 사는 게 의미가 없는 걸 알았지만 기차를 돌이킬 수는 없었다.

석은 자야가 떠난 까닭을 어렵지 않게 짐작했다. 자야의 침울한 표정이 모든 걸 말해 줬기 때문이었다. 자야가 떠난 날, 석은 신문사 친구들에게 연락해서 자야의 행방을 수소문해 달라고 부탁했다.

요즘 석의 마음은 괴로웠다. 자기를 얽매고 있는 전통과 관습을 견디기 힘들었고, 일본 당국의 보이지 않는 위협이 차츰 다가오는 것도 불안을 부추겼다. 한때 존경하던 선배들이 친일로 기울어서 일제를 찬양하는 글을 쏟아 내고, 일본어로 시를 쓰는 걸 보니 배신감 이전에 공포감이 엄습했다. 이런 시기에 자야가 큰 힘이 되었는데, 그런 그녀가 마음의 상처를 입었다는 게 참으로 미안하고 안타까웠다.

친구들 말에 따르면 자야는 청진동에 집을 구해 그곳에서 지내고 있었다. 자야가 부담스러워한다면, 그녀에게 시간을 주는 게 맞다. 그녀가 끝내 만주행을 거절한다면 어쩔 수 없지만, 시간을 두고 설득하면 언젠가 함께 만주로 떠날 수 있겠지.

해가 바뀐 지 얼마 안 된 겨울날 아침. 석은 학교에 조퇴서를 내고 경성행 기차를 탔다. 자야를 만나러 가기 위해서였다.

경성의 한 찻집에서 재회한 백석과 자야. 석은 자야에게 왜 떠난 건지, 왜 자신에게 아무 말도 남기지 않았는지 묻지 않았다. 그저 어제 만났던 사람처럼 다정하게 대할 뿐이었다. 얼마 전부터 산골에서 지낸다는 것과, 그곳에서 조선 사람들의 진면목을 보았다는 것, 러시아 말이 한층 늘었고, 토마스 하디의 《테스》를 번역할 작정이라는 것도 들려주었다. 자야를 추궁하거나 비난하는 말은 한마디도 하지 않았다.

석은 다음 날 출근을 위해 새벽 기차를 타고 다시 함흥으로 떠나야 했다. 자야는 떠나는 석을 바래다주며 석과 이별하는 게 쉽지 않을 것임을 예감했다. 석은 기차를 타면서도 언제 다시 오겠노라, 함흥에서 기다릴 테니 어서 돌아오라고 재촉하지 않았다. 만주 이야기는 아예 처음부터 꺼내지 않았다. 그러면서 그는 떠나는 순간 자야에게 미농지로 만든 봉투를 건넸다. 그 안에는 그가 손수 적은 시 한 편이 적혀 있었다. 시에는 그가 자기를 오래

기다리고 있었노라고, 그간 쓸쓸했었노라고, 어서 더러운 세상
을 떠나 사람 없는 곳으로 떠나자는 속삭임이 담겨 있었다.

가난한 내가
아름다운 나타샤를 사랑해서
오늘 밤은 푹푹 눈이 나린다

나타샤를 사랑은 하고
눈은 푹푹 날리고
나는 혼자 쓸쓸히 앉어 소주를 마신다
소주를 마시며 생각한다
나타샤와 나는
눈이 푹푹 쌓이는 밤 흰 당나귀 타고
산골로 가자 출출이 우는 깊은 산골로 가 마가리에 살자

눈은 푹푹 날리고
나는 나타샤를 생각하고
나타샤가 아니 올 리 없다
언제 벌써 내 속에 고조곤히 와 이야기한다
산골로 가는 것은 세상한테 지는 것이 아니다

세상 같은 건 더러워 버리는 것이다

눈은 푹푹 나리고
아름다운 나타샤는 나를 사랑하고
어데서 흰 당나귀도 오늘 밤이 좋아서 응앙응앙 울을 것이다

-〈나와 나타샤와 흰 당나귀〉, 백석.

곳곳에 퍼지는 친일의 어두운 그림자

1938년. 연초부터 영생고보는 어수선했다. 중일 전쟁을 일으킨 일본은 식민지 조선의 내부 단속을 위해 각급 학교에 은밀히 스파이 학생들을 심어 두었고, 이들로 인해 학교 안에서 종종 갈등이 벌어지고는 했다. 영생고보도 마찬가지였다. 일본 당국에 매수되어 스파이 활동을 하는 학생이 있었고, 이를 눈치챈 학생들이 해당 학생을 주시하고 있었다.

졸업을 앞둔 상급 학생들이 학교를 떠나기 전 스파이를 해치울 작정으로 그 친구를 지하실로 불러냈다. 강력한 경고를 주려던 참이었다. 하지만 스파이 학생은 달아났고 얼마 후 일본 경찰이 학교를 포위해 버렸다. 결국 일을 주도한 학생은 검거되어 퇴학 처분을 받았고 이 일로 교장마저 학교를 그만두게 되었다.

이뿐이 아니었다. 전쟁 직후부터 교내에는 조선어와 영어가
폐지된다는 소문이 떠돌았다. 용의와 복장을 단정히 한다는 명
목하에 삭발이 강요되었고, 조만간 학생들이 전쟁에 동원될 거
라는 소문도 파다했다. 석은 이 모든 일에 마음이 지쳐 갔다. 학
교에서 언제까지 버틸 지 고민이 많았다.

"자네, 방학 동안 보기가 왜 그렇게 힘들어? 집을 옮긴 거야?"

김동명이었다. 방학 내내 못 보던 백석을 보자 동명은 반가운
얼굴로 다가왔다.

"그동안 산골에서 지냈거든요."

"산골이라니?"

"머리 좀 쉬려고 장진 근처 시골에서 지냈습니다. 시도 조금
썼고요."

백석은 방학이 시작되자 함경도의 이곳저곳을 둘러보았다.
자야도 경성으로 떠났고, 일본 당국의 강압적 정책에 지쳐 마음
도 쉴 겸, 함경도 이곳저곳을 두루두루 살피고 다녔다. 그곳에
서 백석은 조선 사람들의 삶을 더 자세히 관찰하며 몇 편의 시도
남겼다.

여인숙(旅人宿)이라도 국숫집이다

모밀 가루 포대가 그득하니 쌓인 웃간은 들믄들믄 더웁기도
하다

나는 낡은 국수 분틀과 그즈런히 나가 누어서

구석에 데굴데굴하는 목침들을 베여 보며

이 산골에 들어와서 이 목침들에 새까맣니 때를 올리고 간 사
람들을 생각한다

그 사람들의 얼굴과 생업(生業)과 마음들을 생각해 본다

— 〈산숙(山宿)〉, 백석.

신흥, 장진, 흥남, 홍원 등 석은 함경도 곳곳을 둘러보며 때로
는 여인숙에, 때로는 산 중턱 외딴 빈집에 머물고는 했다. 어쩐
일인지 평소 결벽증이 심했던 백석이 아무렇지도 않게 다른 사
람들이 쓰던 때 묻은 이불과 베개와 그릇들을 사용하고 있었다.
스스로도 전혀 예상치 못한 일이었다.

석은 여행하는 내내 생각했다. 먼저 묵었던 사람들은 어땠을
까? 그들은 왜 깊은 산중의 여인숙에 머물렀을까? 본래 살던 삶
의 터전을 떠나온 까닭은 뭘까? 그들은 지금 어디에 있을까? 얼
어붙은 함경도의 북쪽 끝? 아니면 연해주? 그도 아니라면 만주
나 중국, 러시아? 고단한 삶을 이끌고 그들은 또 어디로 가야 했
을까? 석은 목침에 남아 있는 묵은때를 보며 어쩌면 그들이 겪었

던 삶이 조만간 자신이 겪을 운명은 아닌가 하는 생각이 들었다. 그런 까닭일까? 그들이 쓰던 물건이 지저분하고 더럽다기보다 오히려 정겹고 친밀하게 느껴졌다.

"통 안 보이더니 역시 시를 쓰고 있었군. 자네도 알지? 소설 쓰는 한설야. 카프에서 활동했잖나?"

"네. 잘 알죠. 시내에서 몇 차례 뵙기도 했잖아요. 인쇄소를 운영하신다고."

"며칠 전에 만났는데, 자네 시집을 보고 극찬을 하더군. 그 딸이 자네 시를 아주 좋아한다더군. 열정적인 팬이라던데. 사회주의 작가가 극찬할 정도면 많은 사람이 공감한다고 봐야지."

"과분한 칭찬이세요."

"그렇지 않아. 그 사람 빈말은 전혀 안 하거든. 쓸 수 있을 때 많이 써 두게. 이제 곧 발표할 곳도 마땅치 않을 거야."

김동명의 얼굴이 어두워졌다. 그는 한동안 창문 밖을 내다보았다. 그러다 한숨을 크게 쉬고 어렵게 말을 꺼냈다.

"자네한테 못 할 소리 하나 해야겠네."

"무슨 말씀을……."

"우리 축구부 응원가 있잖나?"

"네. 있죠."

"그걸 일본어로 개사하라는 명령이 떨어졌네."

"네?"

"예상했던 일이지. 조선어 시간이 곧 사라지고, 그 자리에 군사 훈련이 들어올 거고."

"그래도 축구부 응원가까지 일본어로요?"

"자네가 축구부 지도 교사지? 좀 전에 학감이 나더러 미리 운을 떼 달라고 부탁하더군. 자네 성격을 아는 거지."

"……."

석은 대꾸를 할 수 없었다. 다른 사람도 아닌 김동명이 와서 부탁할 정도면, 이미 속으로 많은 고민이 오고 갔을 터였다.

"자네가 일본어를 싫어하는 걸 나도 잘 알아. 일본어는 단 한 글자도 쓴 적이 없잖나? 그런데 어쩌겠나? 아무 죄 없는 교장마저 학교를 그만두게 만드는 세상인걸. 눈 질끈 감고 해 주게."

석은 한참을 망설였다. 석은 지금까지 단 한 번도 일본어로 작품을 쓴 적이 없었다. 일본 유학 다녀온 사람치고 일본어로 글을 쓰지 않는 사람은 드물었다. 조선을 대표하는 시인 정지용마저 일어로 된 시를 꽤 남길 정도였다. 하지만 석은 일본어는 고사하고 우리말 중에서도 자기 고향인 평북 지역 사투리로만 글을 써 왔다. 그런 사람에게 일본어로 응원 가사를 고치라니. 석은 난감하기 이를 데 없었다.

두 사람 사이에 짧지 않은 침묵이 흘렀다. 이윽고 석은 결심을 한 듯 말했다.

"네. 해 보죠. 뭘. 그까짓 것."

석은 생각했다. 차라리 자신이 하는 게 나았다. 친일에 눈이 먼 이들이 개사한다면 얼마나 애를 써서 잘 만들어 낼까. 그걸 학생들이 부르는 모습을 상상하니 차라리 자신이 엉터리로 개사하는 편이 낫겠다는 생각이 들었다. 말 그대로 시늉만 하면 될 것이 아닌가.

예상대로 학생들은 응원가를 제대로 부르지 못했다. 어떤 녀석은 응원가가 힘이 없다고 대놓고 항의하는 바람에 백석을 난처하게 만들기도 했다.

'이제 이곳도 얼마 안 남았군.'

석은 좋아하는 시나 소설도 더 이상 가르칠 수 없었다. 일본 당국은 자신들의 적국이 되어 버린 영국과 미국 문화를 조선 학생들에게 가르치지 말라고 지침을 내려보냈다. 수업은 허술해질 수밖에 없었고 학생들은 양질의 교육을 받을 수 없었다. 학생들도 수업 수준이 예전만 못해 불만이 가득했다.

'이럴 바에야.'

백석은 수업을 하면서도 속으로 몇 번을 되뇌었는지 모른다. 저녁이면 어김없이 김동명과 더불어 술을 마셨고, 그 자리에는 카프 계열 소설가 한설야와 평론가 백철이 어울리며 시대를 한 탄했다. 자야가 그리웠지만 경성에서 새롭게 생활을 시작한 연 인에게 함흥까지 오라는 말을 차마 할 수 없었다. 그렇다고 당장 경성으로 쫓아갈 형편도 아니었다.

그해 6월. 〈마이니치신문〉이 주간하는 축구 대회가 경성에서 열렸다. 식민지 조선에서 축구 열기는 언제나 뜨거웠다. 온몸으로 뛰며 스트레스를 푸는 데에 축구만큼 뛰어난 게 없었고, 골을 넣을 때의 환호는 쌓인 울분을 터트리기에 충분했다. 특히 함경도는 도 시는 물론 작은 마을까지 축구팀이 없는 데가 없을 정도로 그 열정 이 차고 넘쳤다. 영생고보 축구부는 당연히 대회에 참가했다.

"이번 대회는 몇 해 전 우리가 경성팀에 졌던 것을 설욕하는 자리다. 젖 먹던 힘까지 다해서 제대로 붙어 보자."

축구부 주장은 연습 경기 때마다 아주 들뜬 목소리로 파이팅 을 외쳤다. 축구부 학생들도 들뜨기는 마찬가지였다. 무엇보다 경성에 간다는 것 자체가 이들을 흥분시켰다. 태어나서 한 번도 경성 같은 대도시에 가 본 적이 없어서 호기심 가득한 모습이 역 력했다.

하지만 지도 교사인 백석은 시큰둥했다. 요즘 모든 일이 그랬 다. 자율이라고는 찾아보기 어려운 학교. 가르칠 내용까지 사전에 검열하는 일본 당국에 백석은 기가 질려 버렸고 그 어떤 일에도 흥미를 느끼지 못했다. 그 까닭에 시 쓰기를 빼고는 모든 일에 무감각했고 무기력했다.

'그래. 경성에 간다니, 오랜만에 자야를 만나 봐야지.'

축구부를 이끌고 온 백석은 축구는 딴전이고 오로지 자야를 만날 생각뿐이었다.

경성에 도착한 후, 백석은 학생들을 운동장에서 몸을 풀게 했다. 학생들은 경성에 온 게 낯선지 몸이 굳어 보였다. 운동장 곳곳에서는 내일 경기를 위해 몸을 푸는 팀들이 많았다. 그런데 그 모습을 보다가 석은 눈살이 찌푸려졌다. 다른 게 아니었다. 관중석에서 응원하는 사람들이 모두 일본어 응원가를 부르는 게 아닌가?

'이런, 여기가 경성이야? 동경이야? 조선이 드디어 일본이 다 되었군.'

운동장 한쪽에는 일본군이 천막을 쳐 놓고 뭔가를 접수받고 있었다. 포스터에, 현수막에, 뭔가를 대대적으로 선전하고 있었다. 2월에 발표한 육군 특별 지원병제*에 따라 전쟁에 나갈 소년

● 　육군 특별 지원병제는 1938년부터 1944년 4월까지 일본이 조선인을 대상으로 시행했던 제도로 모집 과정에서 강제성이 강했다.

지원병을 모집하는 중이었다. 마치 가족과 사회를 위해 남자라면 반드시 한 번쯤 도전해야 할 과업처럼 소년들을 전쟁의 포화 속으로 유혹하고 있었다.

'이런 곳까지 와서 어린 친구들을 총알받이로 모집하다니!'

백석은 운동장에 머물러 있는 게 고역이었다. 자신도 모르게 짜증이 일었다.

"주장! 오늘은 적당히 하자. 내일 경기인데 자칫하다 헛힘만 빼겠다."

축구부 주장은 잠시 어리둥절한 표정을 짓더니 백석의 말에 일리가 있다고 여겼는지 연습을 중단시켰다. 석은 축구부를 이끌고 숙소인 시청 옆 금당 여관으로 향했다. 학생들이 짐을 풀자 석은 곧장 청진동에 자야를 만나러 갔다. 마음이 울적해지니 자야 생각이 더욱 간절해졌다. 자야는 여느 때와 같이 다정하게 백석을 맞아 주었다.

이튿날, 경기가 있는 날이었다. 학생들은 긴장한 탓인지, 몸이 덜 풀렸는지 평소와 다르게 몹시 굼떴다. 그에 비해 상대팀은 훨씬 가벼워 보였다.

석은 여전히 경기장이 불편했다. 또다시 일본어로 응원하는 소리가 들려왔기 때문이었다. 영생고보는 응원도 소극적이었다.

일본어로 개사된 응원가는 어색해서 부를 수 없었고, 운동장 곳곳에 일본 경찰들이 감시하는 통에 조선어로 응원가를 불렀다가는 큰 사달이 날 것 같았다.

석은 생각했다. 〈마이니치신문〉사에서 어째서 축구 경기를 주최했는지를. 일본은 축구처럼 본능적인 감각을 발휘하는 경기조차 일본어로 응원하게 만들어 조선 사람을 길들이려는 게 틀림없었다. 만약 조선어로 응원한다거나 민족적 색채를 띨 때면 어김없이 경찰력을 동원할 게 뻔했다. 조금이라도 시빗거리를 찾아내 그것으로 조선인을 억압하거나 아니면 그에 걸려든 학생들에게 지원병을 강요할지 아무도 모를 일이었다.

우여곡절 끝에 영생고보는 첫 경기에서 허무하게 지고 말았다. 석은 기가 죽은 학생들을 다독이며 말했다.

"다음 경기에 최선을 다하면 되지. 기죽지 말고 오늘은 숙소에서 편히 쉬어."

석은 생각했다. 어쩌면 경기력이 떨어지는 편이 나을지 모른다. 경기장 한 켠에 쳐 놓은 일본군 막사에는 경기를 유난히 집중해서 보는 몇몇 군인들이 있었다. 그들은 때때로 노트에 뭔가를 기록하고 서류를 들춰 보고는 했다. 아마도 투지가 뛰어난 친구들을 눈여겨보고 있었을 것이다. 그 친구들에게 접근해서 소년들의 영웅 심리를 조장하거나 달콤한 말로 전쟁에 나가도록 부추기려는 의도로.

석은 속상한 마음을 달래며 학생들을 다독였다. 먼발치에서 일본군 장교 하나가 팔짱을 끼고 석을 뚫어지게 바라보고 있었다. 석은 치명적인 병균에 노출이라도 된 듯 그의 시선을 서둘러 외면했다.

석은 허탈하고 씁쓸한 마음으로 또다시 청진동으로 향했다. 자야와 함께 있으면서 허무하고 지친 마음을 달래고 싶었고 자신을 짓누르는 책임감에서도 해방감을 맛보고 싶었다. 그날 자야는 석이 올 것을 미리 알았는지 곱게 단장하고 방문이 열리자마자 석이 보는 앞에서 춤을 추었다. 첫 시작은 천천히 느긋하고 여유로웠지만 갈수록 팔다리의 움직임이 격렬해졌다. 처음에는 하늘거리다 기운이 솟구치면 모든 것을 집어삼킬 듯 활활 타오르는 불꽃처럼 자야는 열정적이었다. 온갖 우울과 억압과 무기력이 그녀의 열렬한 춤사위 속에 소멸하는 느낌이었다. 그녀는 한 순간, 한 순간 전혀 다른 몸짓으로 우울에 빠진 석을 황홀경에 빠뜨렸다.

일이 터진 것은 그날 밤이었다. 축구부 숙소에서 몇몇 학생들이 그동안 억눌렀던 끼를 견디지 못하고 꿈틀거렸다.

"경성까지 왔는데 구경 한번 제대로 못하고, 너무 아쉽지 않

아? 시합도 지고 경성까지 온 보람이 없잖아. 여기 카페나 댄스
홀은 함흥하고는 차원이 다르다던데."

"야, 그러다 걸리면 어떡하려고."

"뭘 그래. 선생님도 안 계시니 조용히 다녀오면 되는 거지. 난
경성을 둘러보는 데 찬성! 사람들 구경도 하고 말이야."

"나도 찬성이야! 언제 다시 올 지 모르는 경성인데 이번 기회
에 둘러보고 가야지."

"교복도 안 입었는데 우리가 학생인 줄 누가 알겠어? 나도 찬
성이야!"

마침내 학생들은 무리를 이뤄 거리로 나섰다. 누가 봐도 시골
서 올라온 촌놈들이라는 게 눈에 띄었지만 정작 자기들만 모르
는 눈치였다.

이들은 함흥 사투리를 써 가며 음식점과 카페를 기웃거렸고,
경성의 화려한 밤거리에 취해 자기들을 향한 눈초리는 전혀 신
경 쓰지 않았다.

"너희들 뭐냐?"

갑자기 한 중년 사내가 무리를 가로막았다.

"네? 왜요?"

"왜요라니? 너희들 어디 학교야? 이놈들이 겁도 없이."

"네? 누가 겁이 없어요?"

"이놈들아. 지금이 어느 시절인데. 이렇게 떼로 몰려다니고 있어. 그러다 일본 경찰에라도 걸리면 너희 놈들은 다 경찰서로 끌려가는 거 몰라?"

"네? 왜요? 우리는 그냥 돌아다니는 건데요. 경성 길은 맘대로 걷지도 못하나."

"이놈들아, 지금 경성에 무리 지어 다니는 사람 봤어? 요즘 같은 때 떼로 뭉쳐 다니다 괜히 의심 사면 서대문 형무소 끌려가는 건 일도 아니다. 이놈들아."

"네? 서, 서대문 형무소요?"

서대문 형무소라는 말에 무리는 일순간 얼굴이 굳어졌다.

학생 무리를 가로막은 중년 사내는 경성에 있는 모 학교 학생 주임 교사였다. 축구 대회 동안 시골에서 올라온 학생들이 무리 지어 다니다 자칫 사고라도 쳐서 일본 경찰에 붙들리거나, 시위대로 오해를 살까 봐 인근 학교 교사들이 돌아가며 순찰을 하던 중이었다.

"이놈들 말씨를 보니 함경도에서 온 놈들이군. 그럼 어디야? 아, 함흥 영생고보 학생들이구만. 너희 선생님은 어디 계신 거냐?"

"네? 선생님은……."

"이거 영생고보 아주 엉망이네. 알았다. 너희는 어서 숙소로 돌아가라. 안 그러면 혼날 줄 알아. 알았냐? 경찰들 있으면 피해서 가고. 알았어?"

정든 경성과 사랑하는 자야를 남기고

"자네, 학생들만 남겨 두고 기생집을 찾아갔다는 게 사실인
가?"

"……."

"자네를 징계해야 한다고 야단들이야. 대체 어찌 된 거야?"

"징계요?"

"그래. 자네를 눈여겨보던 일본인 교사들이 그냥 넘어가지 않
을 기세네. 곧 이사회도 열릴 걸세."

김동명이 상기된 얼굴로 백석을 향해 몰아세우듯이 질문을 퍼
부었다. 김동명도 속이 상했다. 그는 백석이 자야를 만나는 사실
을 전부터 잘 알고 있었다. 은근히 주의를 준 적도 있었다. 자칫
소문이라도 나면 학교에서 그냥 둘 리 없기 때문이었다. 그렇게
주의를 줬건만 경성에서 학생들을 따돌리고 자야를 만나러 갔으

니 김동명은 이 일로 아끼는 후배를 잃을까 속이 상했다.

"어떻게 할 작정인가?"

"글쎄요."

"이사회에는 내가 잘 이야기해 보겠네."

석은 자신을 걱정해 주는 김동명이 고마웠다. 하지만 석은 자기를 적극적으로 변호할 생각이 없었다. 무엇보다 학교에 별 미련이 없었다. 수업을 검열하고, 삭발을 강요하며, 조선어 사용을 범죄시하는 당국의 정책을 받아들이기 어려웠고, 학교의 무기력한 대응도 실망스러웠다.

김동명이 애를 썼지만 백석의 징계는 피할 수 없었다.

"그나마 다행일세. 학교를 아주 떠나는 건 아니니."

"고맙습니다. 선배님. 선배님이 애써 주신 덕이지요."

"여학교라? 그곳에서는 더 조심하게. 알았지?"

이사회는 백석을 같은 재단 영생 여학교로 발령을 냈다. 학생들을 방치하고 출장지에서 기생을 만나러 간 것을 고려하면 징계치고는 가벼웠다.

백석은 자기를 지지해 준 선배와 동료에게 고마웠다. 그렇다고 학교에 애정이 생기지는 않았다. 중일 전쟁 후 일본은 국가 총동원령을 내렸고 그에 발맞춰 국민 정신 총동원 조선연맹이 7월

사이에 조직되었다. 이 단체는 조선인들이 대거 참여한 친일 조직이었다. 이들은 일본의 승전을 홍보하고 일본과 조선이 하나라는 이른바 내선 일체를 선전하며 조선 청년들을 전쟁에 동원하는 데에 앞장섰다. 학교 안에서조차 눈치를 슬슬 보며 조선 연맹에 가입하는 교사들이 하나둘 늘어 가고 있었다.

가장 당혹스러운 일은 일본군이 학교에 배치된 일이었다. 이들은 사라진 조선어 시간 대신 군사 훈련을 감독했으며, 평상시에도 뭔가 수상쩍은 낌새가 있으면 죄 없는 사람을 거침없이 연행했다. 조선어를 쓰지 못하게 감시하는 것도 이들의 일과였다.

"선배님. 저는 아무래도 못 버틸 것 같습니다."

"무슨 소리야?"

"학교가 자꾸 이상해져 가니까요. 교사들까지 삭발을 하지 않나, 당국의 지침을 너무 잘 따르는 거 아닙니까?"

"그래도 학교가 나은 편일세. 다른 곳은 더 살벌하다고 그렇잖아. 조금만 수상하다 싶으면 경찰에 끌려가고."

"다른 건 참아도 일본어 쓰라는 건 도저히 견디기 어렵네요."

"글을 쓰는 사람이라서 더 그러겠지. 시인이라면 응당 그럴 수밖에. 자기 말을 빼앗기는 건데. 자네도 조익준 일로 꽤 충격을 받았군."

며칠 전 함흥을 발칵 뒤집은 사건이 있었다. 조선인 교사가 일본군 장교를 폭행한 사건이었다.

함흥 농업 학교에는 경성제대 출신 조익준이라는 영어 교사가 있었다. 그는 체구가 건장했고 민족의식이 투철했으며 학생들에게 신망이 높았다. 같은 지역 영어 교사로 백석과도 친분이 있었다.

조익준이 근무를 마치고 돌아가던 길이었다. 그런데 눈앞에 기막힌 일이 벌어지고 있었다. 자기가 담임하는 학생들이 일본군 장교에게 곤봉으로 구타를 당하고 있었다. 그는 곧바로 자전거에서 내려 사정을 파악했다. 다른 이유가 아니었다. 학교에서 일본어를 쓰지 않고 조선어를 쓴다는 게 폭행의 이유였다. 조익준은 젊은 혈기에 참을 수가 없었다.

"조선 사람이 조선말을 쓰는 게 무엇이 나쁘냐!"

그는 일본군 장교에게 소리를 지르며 그의 뺨을 후려갈겼다.

"군인은 가르치는 사람이 아니다. 군대로 돌아가라!"

일본군 장교는 너무 어이가 없고 화가 났지만 공교롭게 총칼을 두고 온 처지여서 혼자서 맞서기는 어려웠다. 기골이 장대한 조익준과 조선인 학생들의 기세가 매서워 슬슬 뒷걸음치며 달아날 수밖에 없었다.

일본군을 폭행한 일이 단순히 끝날 리는 없었다. 함흥은 일본군이 주둔한 군사 도시였고, 조익준은 언제든 일본군에게 끌려갈 처지였다. 그날 밤 조익준의 가족은 뜬눈으로 밤을 새웠다. 소문은 빠르게 퍼졌다. 함흥 법조계에 진출한 경성제대 동창들이 급히 한자리에 모였고, 평소 친분이 두터운 일본인 교사들까지 조익준을 거들었다. 그들은 곧장 군부대를 방문해서 조익준을 최대한 변호했고, 덕분에 구속과 처벌을 면할 수 있었다. 그러나 이 일로 조익준은 학교를 그만두고 함흥을 떠나야만 했다.

"조익준이 함흥을 떠날 때 아무것도 도와주지 못해서 마음이 무겁습니다."

"자네가 할 수 있는 일이 뭐가 있었겠나."

"제가 민족주의자는 아니지만 모국어를 못 쓰게 하는 건 참기가 어려워요."

"나도 마찬가지일세."

그해 겨울. 백석은 결국 학교를 그만두었다. 결정적인 것은 황국 신민화 교육을 강화하는 당국의 조치였다. 특히 일본의 신을 모신다는 신사에 참배하라는 요구에 더는 학교에 있을 수가 없었다. 조회 때마다 일본을 향해 90도로 절하는 것도 석은 도저히 따라 할 수 없었다.

본래 영생 학교는 기독교계 학교로 신사 참배를 받아들이지 않았다. 하지만 일본이 경찰력을 동원해서 신사 참배를 반대하는 인사들을 잡아 가두고 모질게 탄압하자 다른 방법이 없었다. 더구나 기독교계를 대표하는 총회에서 참배를 허용한 이상 학교는 이에 따를 수밖에 없었다.

일본의 신사를 참배한다는 것은 조선의 역사와 정신을 부정하는 일이었다. 조선인도 일본의 후손에 불과하다는 역사 왜곡을 스스로 인정하는 게 신사 참배였다.

자기의 고유한 정체성을 지키는 것이 진정한 모던이라고 믿었던 백석에게, 조선의 영혼과 정신을 포기하라는 것은 도저히 받아들일 수 없는 조치였다. 일본 천황을 위해 아침마다 애국 조회를 하고, 황국 신민 선서를 하고, 일본의 신사를 향해 절을 해야 하는 일은 참을 수 없는 굴욕이었다.

학교가 일본 천황의 이데올로기를 전달하는 도구로 전락해 버린 이상 학교는 의미가 없었다. 어차피 조만간 영어 과목이 폐지되면 교련이나 체육을 맡아야 할 처지. 차라리 일찌감치 그만두는 게 나았다.

석은 겨울 방학을 즈음해서 경성의 청진동 자야 집에 머물고 있었다.

"종이 한 장만 가져다줘요."

석은 자야가 가져온 종이에 사직서를 썼다.

"앞으로 어쩌시려고요? 그렇게 좋아하던 학교까지 그만두시면?"

"자야가 곁에 있는데 뭐가 걱정일까? 그저 시만 쓰면 되는데. 그리고 나도 다 계획이 있어요."

석은 며칠 전 〈조선일보〉사를 다녀왔다. 이즈음 식민 당국은 공문서는 반드시 일본어를 쓰게 했지만 신문과 잡지는 조선어를 허용하고 있었다. 학교보다 신문사가 오히려 조선어 사용이 자유로웠다. 석은 우리글을 쓸 수 있는 한 작품을 더 발표하고 싶었다. 자야가 곁에 있어 어느 때보다 시상이 자주 떠오르는 지금 어떻게든 작품을 더 남기고 싶었다. 아직 잡지에는 조선어를 쓸수 있으니 마지막 기회를 살려야겠다고 석은 생각했다.

경성은 여전히 사람들로 북적였다. 다만 무언가에 쫓기듯 여유가 없는 표정들이었다. 태평로 거리에는 전쟁을 부추기며 지원병을 모집하는 플래카드가 붙어 있었다. 하루가 다르게 경성의 분위기도 살벌해지고 있었다.

〈조선일보〉사. 석은 건물 앞에서 주저했다. 몇 해 전 신현중과 처음 만나던 그날이 떠올랐다. 지금은 어색한 사이가 되어 버린 신현중. 그는 아직 〈조선일보〉 사회부에 근무하고 있었다. 석은 신현중을 만나면 그 자리에서 따귀라도 갈겨야겠다고 생각했다. 하지만 정작 복도에서 신현중을 마주쳤을 때 가볍게 목례를 하고 지나쳤을 뿐이었다.

석은 신문사 사장과 면담 후, 학예부장 홍기문을 만났다.

"자네가 언젠가 다시 올 줄 알았지."

"잘 지내셨죠? 여전하시네요."

"자네 성격에 학교가 맞지 않을 거라고 짐작은 했네. 요즘 학교에서 조선어를 아예 못 쓰게 한다지? 여기 사정도 좋지는 않아. 방 사장이 일본에 헌금을 어마어마하게 해서 그나마 신문을 유지하는 거야. 일본 당국에 빌빌대며 아부하는 게 영 불쾌하지만 우리말 신문을 낼 수 있으니 그나마 다행이지. 나도 언제까지 버틸 지 모르겠네."

"어려울 때 선배님처럼 끝까지 지키는 분이 계셔야죠."

"어허, 자네 같은 사람이 나서야지. 참, 편집 일을 맡겠다고?"

"네. 사장님이 부장님한테 가 보면 알 거라고 그러시더군요."

"그래. 마침 우리 〈여성〉지를 맡아 줄 손이 부족하지. 노천명이 시 쓰겠다고 그만둬 버려서 마침 주임 자리가 비었어. 그 친구, 노골적으로 친일로 기울어서 안 그래도 빼 내려던 중이었는데, 잘됐지. 이제 자네가 책임 편집을 맡아 주게나. 자네 실력이라면 〈여성〉을 최고의 잡지로 만들기에 충분하지."

"네?"

"요즘 의식 있는 사람들은 신문사를 떠나 고향으로 내려가더

151

군. 그렇게라도 일본에 휘둘리지 않으려는 것이지. 자네도 알지? 신현중! 그 친구도 곧 통영으로 내려갈 거라더군. 아무튼 책임지고 잡지를 편집해 줄 사람이 모자란 형편이네. 자네가 〈여성〉지를 맡아 주게."

"제가 글을 편집하는 재주는 있지만 잡지는 삽화도 신경 써야 할 텐데요. 안석영 선배도 영화 쪽으로 가 버려서 삽화를 맡아 줄 사람도 딱히 없고."

"그건 걱정 말게. 정현웅이 있잖나? 작년에 자네 시에 삽화도 그려 줬지? 그 친구, 안석영을 능가하는 삽화가야. 그 친구가 자네를 도와줄 걸세."

1938년 겨울. 백석은 학교를 그만두고 이듬해 1월 〈여성〉지 편집 책임자가 되었다. 하지만 그곳도 백석의 안식처가 될 수 없었다. 일본은 경성을 전쟁의 후방 기지로 여기고 조선어 말살, 내선일체, 전쟁 참여 독려, 사상범 감시 등 조선인들의 몸과 마음을 철저히 지배하고 있었다. 〈조선일보〉도 노골적으로 친일적인 기사를 쏟아냈고, 백석은 그걸 지켜볼 수만은 없었다. 동료 문인들은 하나둘씩 친일로 돌아섰고 백석에게도 은근한 회유와 협박이 들어오기 시작했다. 조선을 대표하는 시인을 길들이면 그 효과가 더 컸기 때문이었다.

백석은 1939년 10월 〈여성〉지 편집을 그만두고, 더 자유로운 곳으로 떠날 채비를 한다. 그는 사랑하는 자야와 함께 떠나려 했지만 뜻대로 되지는 않았다. 그 시절 백석과 자야의 사이는 예전만 못했다. 백석이 부모의 명으로 뜻하지 않게 혼인을 했기 때문이었다.

백석에게는 어찌할 도리가 없었다. 어느 날 아버지의 부름에 본가에 가 보니 집안끼리 이미 이야기가 끝났는지 웬 낯선 여인이 예복을 갖춰 입고 방에 우두커니 앉아 있었다. 결혼할 신부가 본가에 먼저 와 있던 것이었다. 석은 며칠 동안 가족에게 붙들려 끝내 혼인할 수밖에 없었다. 물론 결혼은 오래 가지 않았다. 백석이 부모님을 안심시킨 뒤 곧장 청진동으로 다시 돌아왔기 때문이었다. 하지만 자야는 그곳에 있지 않았다. 잠시 다녀온다던 백석이 일주일이 지나도 감감무소식이자 자야는 친구들에게 사정을 알아보았고, 결국 큰 상처를 입고 어디론가 잠적해 버렸다.

수소문 끝에 자야를 찾았지만 그녀는 제정신이 아니었다. 그저 계속 흐느낄 뿐이었다. 백석을 향한 자야의 마음이 변한 건 아니었지만 그녀에게는 마음이 진정될 시간이 필요했다. 하는 수 없었다. 당분간 자야와 떨어져 지내며 그녀가 마음이 진정되기를 기다릴 수밖에. 백석은 일단 혼자서라도 만주로 떠날 채비를 했다. 거세지는 당국의 압력에 백석의 마음은 쫓기고 있었고 상대적으로 자유로운 만주로 하루라도 빨리 떠나고 싶었다. 백석은 지인들에게 자야를 부탁했다.

백석이 청진동을 떠나던 날. 자야는 여전히 시든 풀잎처럼 힘이 없었다. 석은 죄책감 때문에 그녀를 제대로 쳐다보지 못한 채 무거운 마음으로 말을 꺼냈다.

"나 먼저 만주로 가요. 자리 잡는 대로 당신을 꼭 찾으러 올 거야. 그러니 마음 추스르고 다시 웃는 낯으로 봐야 해요. 내가 정말 잘못했소. 내게는 오직 당신뿐이야. 우리 꼭 다시 보는 거요."

자야는 백석이 문을 나설 때도 배웅은커녕 멍하니 창밖을 바라보았다. 자기 신세가 더없이 가련했다. 기생으로 나서지 않았던들 시인의 어엿한 아내가 되어 있지 않았을까. 그럼 사랑하는 사람에게 부담도 주지 않고 그이의 부모님께 죄를 짓는 일도 없을 텐데. 자야는 백석이 아니라 젊은 날 자신의 선택이 원망스러웠다. 그러다 문득 이상한 생각이 들었다. 떠나는 백석이 마치 영영 다시 못 볼 사람처럼 느껴진 것이다. 그녀는 서둘러 인력거를 불러 떠나 버린 백석을 뒤쫓아 경성 역을 찾았다. 하지만 야속한 만주행 기차는 유유히 플랫폼을 빠져나가고 말았다.

마침내 백석은 정들었던 경성과, 사랑하는 자야를 두고 홀로 쓸쓸히 만주 벌판으로 향했다.

아득한 옛날에 나는 떠났다

부여를 숙신을 발해를 여진을 요를 금을

흥안령을 음산을 아무우르를 숭가리를

범과 사슴과 너구리를 배반하고

송어와 메기와 개구리를 속이고 나는 떠났다

　　　　　　　　　　- 〈북방에서〉中에서, 백석.

제 2 부 가난하고 외롭고 높고 쓸쓸한
(1939~1996)

드넓은 만주, 그러나 불안한 자유

"경성의 모던 보이가 드디어 만주에 오셨군. 어서 오게. 경성에 있을 때랑 하나도 안 변했군."

역 앞에 마중 나온 사람은 이갑기였다. 백석보다 나이는 서너 살 위였지만 〈조선일보〉사에서 근무할 때 친구처럼 스스럼없이 지내던 사이였다.

"역까지 마중을 다 나오고, 너무 고마운걸. 신징*은 올 때마다 풍경이 달라지는데!"

"이래 봬도 만주국의 수도잖아. 하루하루 달라지는 건 당연하지. 일본에서 중국을 삼키려고 만들어 낸 도시니 더 경쟁적으로

●   신징은 만주국의 수도로서 본래는 인구 8만의 소규모 도시였으나 일본이 중국 침략 거점 도시로 개발함에 따라 1940년에 이미 인구가 50만을 넘어서고, 도로가 확장되었으며 신축된 건물이 즐비하게 늘어선 도시가 되었다.

개발한 거야. 그래도 요즘 뜸해졌어. 중국하고 전쟁 난 뒤로 더
는 투자를 못하고 있으니까."

"그래? 이젠 신징 사람 다 됐네."

석은 달라진 신징 역 주변을 둘러보며 들뜬 목소리로 대꾸했
다. 석에게 만주는 처음은 아니었다. 영생고보에 있을 때 학생들
을 인솔해서 수학 여행을 다녀온 적도 있었고, 지인들의 초청으
로 가끔 만주를 다녀오곤 했었다. 그들은 대개 〈조선일보〉에서
함께 근무했던 기자였거나 알고 지낸 작가였다. 이갑기도 그중
한 사람이었다.

"기차를 오래 탔더니 아직도 몸이 덜컹거리는 것 같네. 좀 쉬
어야겠어. 뜨거운 물에 몸을 담그면 좋겠는데. 집은 어디야?"

"집? 그래. 어서 가야지. 날 따라오라고."

석의 질문에 갑기의 눈빛이 잠시 흔들렸다. 석은 당황한 갑기
를 보며 뭔가 이상한 느낌을 받았다. 하지만 낯선 만주 땅, 의지
할 것은 옛 친구뿐이기에 잠자코 따라나섰다.

"마침 저기 버스가 오는군. 자, 타지."

버스 안은 마치 콩나물시루처럼 빽빽했다. 중국인들의 잡담
소리가 비좁은 버스 안에 시끄럽게 울렸고 더러 얼굴이 하얀 러
시아인들도 눈에 띄었다.

문제는 냄새였다. 이상야릇한 노린내가 코를 찔렀다. 생선 비

159

린내 같기도 하고, 달걀 썩는 냄새 같기도 했다. 게다가 누군가 대낮부터 한잔 걸쳤는지 싸구려 술 냄새까지 역하게 올라왔다. 석은 눈살을 찌푸렸다.

"냄새가 심하지? 조금만 참아. 나도 처음에는 그랬어."

석은 여전히 얼굴을 찡그리며 호주머니에서 손수건을 꺼내 코를 가렸다.

"요즘 신징에 사람들이 몰려도 너무 몰려서 말이야. 만주족, 일본인, 몽고족, 조선 사람까지. 거기에 러시아인들도 종종 끼어 있거든. 작은 인종 박람회 같지. 냄새는 고약하지만."

석은 갑기의 말에 대답은 하지 않고 찡그린 채 고개를 끄떡일 뿐이었다.

"예전에는 허허벌판에 건물 몇 채밖에 없었는데, 요즘은 1년에 몇만 명씩 느는 것 같단 말이야."

차창 밖으로 펼쳐진 신징의 모습은 아기자기한 경성에 비하면 거칠고 투박해 보였다. 도로는 비교적 잘 닦여 있었다. 명색이 만주국의 수도이다 보니 새롭게 길을 놓았고, 양옆에는 신식 건물들이 마주 보고 있었다. 하지만 경성처럼 잘 짜여 있다기보다 어딘지 모르게 어설퍼 보였다. 군데군데 짓다 만 흉물스러운 빌딩들이 그런 분위기를 자아냈다.

중심가를 지났을까. 차창 밖 풍경이 달라지기 시작했다. 흙먼

지가 뿌옇게 일어나는 길 한켠에 자투리 나무들로 바람벽을 해놓은 집들이 다닥다닥 붙어 있는 모습이 보였다. 사람 한둘이 겨우 빠져나갈 골목을 사이에 두고 길게 늘어선 집들은 화전민이 사는 집보다 허술해 보였다.

석은 무슨 집들이 저 모양인 거냐고 물을 겸 턱을 위로 쭉 내밀었다. 그는 여전히 손수건으로 코를 쥐고 있었다.

"신징이 다 이래. 워낙에 주택난이 심해서 말이야. 걸핏하면 사람들이 만주로 오니 주택이 모자랄 수밖에. 자네도 알다시피 일본이 만주를 개발하려고 조선에도 광고를 많이 했잖나. 별사람들이 다 있지. 투기꾼, 도박꾼, 고리대금업자, 광산업자, 사회주의자, 독립군, 부동산업자, 밀정까지. 아수라장이 된 거야. 그러니 집이 모자라지. 자, 이제 다 왔네. 여기서 내리자고."

석과 갑기가 내린 곳은 얼음 녹은 흙탕물이 질퍽거리고 있었다. 갑기는 앞장을 섰다. 예상했던 대로였다. 두 사람은 비좁은 골목으로 들어섰다. 햇볕도 잘 들지 않는 골목 담 안으로 빨래들이 너울거리고 있었다.

갑기는 골목을 지나 이번에는 굴을 지나갔다. 서늘하고 축축한 습기가 훅 느껴졌다. 굴이 끝나자 또다시 골목. 그렇게 미로처럼 생긴 골목들을 거쳐 마침내 문을 열고 들어갔다. 그러자 느닷없이 살림집 부엌이 나왔다. 점심을 준비하려는지 여자 둘이 바쁘게 움직이고 있었다. 갑기는 익숙한 발걸음으로 여자들을 피해 앞으로 나간다. 석은 갑기를 뒤쫓다 여인의 엉덩이를 스친다. 여인의 불쾌한 눈초리가 뒤통수에 꽂히는 것만 같다.

"자, 여기야. 이만한 곳도 참 다행이지. 요즘 신징에서 방을 구하는 게 하늘에 별 따는 것보다 더 어렵다니까. 좀 전에 봤던 여자들이 이 집 안주인과 딸이야."

"정말 여기서 생활한다고?●"

백석은 기가 찰 노릇이었다. 만주에 올 때면 신징 역 근처 신식 여관에서 지내서였을까. 조선인들이 판자촌 같은 곳에서 살거라고는 상상도 못했다.

석은 방바닥을 손수건으로 살짝 훑었다. 석탄가루처럼 까만 알갱이들이 손수건에 묻어 나왔다.

"이거 석탄가루 아냐? 폐병이라도 걸리면 어쩌려고 이런 델……."

"자자, 너무 불평 갖지 말자고. 우리 처지에 이런 방도 감지덕지야."

실제로 신징은 매년 폭발적으로 인구가 늘어서 8만 명에 불과

● 백석이 만주로 건너가서 처음으로 얻은 집은 이갑기와 함께 묵었던 동삼마로 시영주택 35번지 황씨방으로 조선인들이 모여 사는 조일통과 매지정에서 가까운 곳이었다.

하던 소도시가 수년 사이에 50만이 훌쩍 넘는 대도시로 변하고 있었다. 인구가 급격히 늘어나는 까닭에 주택은 늘 모자랐다.

"자네 결벽증은 나도 익히 알지만 어쩌겠어. 당분간 여기서 지내고 돈 좀 모이면 다른 곳으로 옮기자고."

석은 방 안을 둘러보았다. 한 평도 채 되지 않은 방에 두 사람이 지낼 것을 생각하니 가슴이 답답했다. 이곳에서 지내다간 몸에 곰팡이가 피거나 온갖 세균이 둥지를 틀 것만 같았다.

석은 황당했다. 조선을 떠날 때 딱 두 가지만 생각했다. 첫째, 조선어를 쓸 수 있다면 어디든 가자. 둘째, 시를 쓸 수 있게 영감을 주는 곳이라면 어디든 가자. 다른 것은 아무래도 좋다. 불편한 것은 참으면 된다. 그렇게 적응하다 보면 자야도 곧 데려올 거라고 생각했다.

그런데 눈앞에 펼쳐진 석탄가루 날리는 방 안을 보자 석은 자기 결심이 성급했다고 느꼈다. 하지만 이제 와서 돌이킬 수는 없는 법. 조선으로 돌아가 일제에 협력하는 글을 쓰며 정신을 어지럽힐 수는 없다.

석은 얼굴을 잔뜩 찌푸린 채 말했다.

"하는 수 없지. 당분간 여기서 지낼 수밖에. 대신 돈이 융통되는 대로 곧장 숙소를 옮겨야겠어."

"알았어, 알았어. 내가 자네 성격을 몰라? 조금만 견뎌 줘. 참, 자네가 일할 곳도 이미 마련해 뒀네."

"벌써?"

"요즘 만주 땅에서 일자리 얻는 게 쉬운 건 아니야. 자네가 외국어를 잘해서 그나마 다행이지. 때마침 만주국 경제부에서 통역 겸 측량원을 뽑고 있었거든. 나랑 같이 일하자니까. 고집은……. 신문사 기자로 일하면서 시를 쓰면 좀 좋아?"

"〈만선일보〉? 난 거기에 시를 발표하고 싶은 생각은 없네. 그러니 엉뚱한 소리 하지 말아. 〈만선일보〉에 작품을 싣는 일은 없을 거니까."

석은 이갑기가 일하는 〈만선일보〉의 기사들을 전에 읽어 본 적이 있었다. 친일적인 뉘앙스가 아주 강한 신문이어서 읽는 내내 마음이 불편했었다.

"시를 쓰러 왔다면서 그럼 어디에 발표를 하려고?"

"뭐, 아직까지는 〈문장〉*도 있으니까."

"자네는 알다가도 모르겠네. 그럴 거라면 그냥 경성에 있든지. 만주까지 와서 무슨 사서 고생인가?"

● 〈문장〉은 1939년 2월 1일자로 창간되어 1941년 4월에 폐간된 문학 잡지로, 소설가 이태준이 편집 주간으로 활동했고 조지훈, 박목월, 박두진 등 다수의 작가들을 배출했다.

"자네는 모를 거야. 난 경성에서 도무지 시를 쓸 수 없었어. 곳곳마다 전쟁을 부추기고, 사상을 통제하고, 신사를 참배하는 곳에서 내가 뭘 쓸 수 있겠나? 마음이 편하고 정신이 자유로워야 글도 써지는 거야. 불편해도 만주까지 온 건 그나마 이곳이 자유롭기 때문이지. 낯선 경험도 하면서 영감도 얻고. 이왕에 만주에 왔으니 시 100편은 쓰고 가야겠지."

"마치 시를 쓰는 투사처럼 들리는군."

"그렇게 말해 주니 고마워. 어찌 됐든 일자리도 구해 주고, 신세를 많이 지는군."

"측량 기사 보조하는 일인데 괜찮겠어?"

"나야 좋지. 측량하려면 이곳저곳을 두루 다닐 텐데. 시 쓰는 영감도 얻고."

만주는 낯설지만 새로운, 불편하지만 자유로운 곳이었다. 옛 고구려의 땅이자, 고조선의 땅, 만주. 드넓은 벌판에 말을 달리며 자유로운 기상을 펼쳤던 곳, 하지만 이곳에는 만주 사변 이후 일본이 만들어 놓은 만주국이 들어서 있었고 청나라 마지막 황제 푸이가 허울뿐인 지도자 역할을 하고 있었다. 겉으로 독립 국가처럼 보였지만 만주국은 허수아비 국가에 불과했다.

다행히 만주국은 완전한 식민지는 아니었기에 일제의 탄압이

극심하지는 않았다. 그도 그럴 것이 만주에는 중국인, 일본인, 몽고인, 만주인, 조선인, 러시아인까지 다양한 인종이 어울려 살고 있어서 통제 자체가 어려웠다. 그 덕에 우리 말과 글을 눈치보지 않고 쓰는 게 가능했다. 식민지 조선은 우리말 신문이 폐간되고 잡지를 내기도 어려웠지만 이곳에서는 조선어로 된 신문을 발행할 수 있었다. 만주의 자유로운 분위기 탓이었을까. 이미 200만이 넘는 조선인이 만주에 살고 있었고 지식인들도 사상 탄압을 피해 자유로운 만주 땅에 스며들고 있었다.

백석은 만주국 국무원 경제부에서 측량 보조로 일하기 시작했다. 실제 하는 일은 측량보다 측량 기사를 따라다니며 통역하는 일이었다. 여러 인종이 섞여 있다 보니 통역이 필수였고 석이 일본어, 영어, 러시아어까지 구사할 수 있어서 측량 기사 일을 돕는 데는 충분했다.

백석은 약간의 돈이 모이자 하숙을 옮기기로 마음먹었다. 석탄 가루가 날리는 하숙보다 공기도 깨끗하고 주위도 조용한 곳에서 작품을 쓰고 싶었다.

석은 신징 시내의 북서쪽 외곽 관청즈를 눈여겨봤다. 이곳은 러시아 철도에 딸린 부속지였고 러시아 사람들이 살고 있었다. 신징의 외곽이어서 친구들의 잦은 발길도 막고, 러시아어를 더

확실히 익힐 수도 있었다.

"갑기! 나는 관청즈로 갈게. 그동안 실례가 많았어. 나까지 배려해 주느라 힘들었을 텐데."

"얼마나 지냈다고 그래. 나야 외롭지 않고 좋았지. 아주 못 볼 것처럼 인사하지 말자고. 어차피 신문사 편집실이나 국무원에서 가끔 볼 텐데."

"아무튼 자네 덕분에 만주에 쉽게 적응했어."

"그나저나 자네는 어떻게 할 생각이야? 박팔양 선배는 결국 미즈하라 가즈오로 창씨*를 했던데. 자네도 박팔양 선배 잘 알지? 시집에 서평도 쓰지 않았어?"

"음. 그 이야기는 나중에 하지."

석은 자신도 모르게 한숨을 쉬었다. 씁쓸하고 기운이 빠졌다. 박팔양은 조선에 있을 때부터 알고 지내던 선배 시인이었다. 그는 만주에 와서 〈만선일보〉 기자로 일하면서 만주국 협화회 홍보 업무를 담당하고 있었다. 석이 만주 생활을 시작할 때, 이갑기 못지않게 여러 도움을 주기도 했었다. 그런 인연으로 박팔양의 시집이 출간될 때, 백석이 시집 서평을 써서 축하해 주기도

●　창씨는 창씨개명으로 일제 강점기에 조선인의 성과 이름을 일본식으로 바꾸도록 강
　요한 일이다. 창씨개명을 하지 않으면 '불령선인'으로 여러 가지 불이익을 받았다.

했다. 그런 그가 얼마 전 미즈하라 가즈오로 이름을 바꾼 것이다.

"조선 이름을 버리고 일본 이름을 따르라고 하니 참 힘든 세상이야. 만주는 좀 나을 줄 알았더니. 그렇지 않아?"

"……."

갑기는 백석의 눈치를 조심스럽게 살피며 다시 말을 이었다.

"일을 그만두면 모를까 석이 자네도 일본 이름 하나 가지는 게 어때? 말이 만주국이지 일본의 괴뢰 국가가 아닌가? 자네도 공무원 신분이나 마찬가진데 아마 일본 이름으로 바꾸지 않으면 일하기 곤란할 거야."

갑기의 말대로 만주국은 무늬만 독립 국가일 뿐, 일본의 괴뢰 국가에 불과했다. 물론 조선보다는 자유로웠지만 국무원의 생활은 달랐다. 국무원은 만주국 괴뢰 정부를 실질적으로 통제하는 친일 단체로 이곳에서 일하려면 일본의 정책을 따르지 않을 수 없었다. 그만큼 만주에도 일본의 그늘은 컸다. 만주국의 실질적인 통치는 일본 관동군 사령부 몫이었고, 이들은 조선만큼은 아니더라도 여전히 폭력적이고 위협적이었다.

"자네 혹시 요즘 떠도는 소문 들어 본 적 있나?"

"무슨 소문?"

"관동군이 이상한 실험을 한다던데."

"무슨 실험?"

"아무래도 자네보다는 내가 훨씬 소문에 빠른가 보네. 음. 관동군이 이상한 생체 실험을 한다더군. 연고가 없는 이들을 데려다가 주사기로 바닷물을 몸속에 집어넣고, 산 채로 사람 장기를 빼 내고 일부러 몸을 얼린다고 하더라고. 몹쓸 세균을 주사하고 어떻게 되는지 관찰하고, 원통 속에 사람을 집어넣고 마구 잡아 돌린다는 얘기도 있었지."

"뭐라고? 이런 세상에."

"731부대라고 생체 무기를 개발하라고 천황이 특별히 만든 부대라는군. 거기서 탈출했다는 사람 이야기를 건너 건너 들었어."

"악귀가 씌었군."

"소문이길 바라야지. 그래도 조심은 해 둬. 자칫 일본군 눈에 띄었다가는 몸이 성치 못하겠어. 내 생각인데 자네도 눈에 안 띄려면 눈 딱 감고 일본 이름 하나쯤 갖는 게 좋을 거야."

"……."

"날 민족 반역자쯤으로 생각하지는 말게. 만주에서 생활하려면 그만한 융통은 발휘하는 게 좋다는 거야. 변변한 직장도 없고, 연고도 없이 떠돌다 불심검문이라도 당하면 곤란하지 않겠어? 관동군한테 끌려가지는 않더라도 번거롭게 조사받을 수 있으니까."

"……."

"왜 말이 없나? 사람 참 무안하게 만드는군. 자네 걱정해서 하는 소리였네."

"내가 알아서 할게."

"하기는 만주가 이름 하나 고쳐 쓴다고 안전한 곳은 아니지. 겉으로 자유로워 보여도 순 무법천지니까."

갑기는 아무 대꾸도 하지 않는 석의 눈치를 보면서 또다시 말을 잇는다.

"자네도 이젠 알 거야. 만주가 말이 좋아 자유롭지 무법천지가 따로 없네. 만주국 경찰이 무슨 힘이 있나? 관동군 쫄다구보다도 못한걸. 그러니 관동군한테만 잘 보이면 무슨 일이든 이곳에서 할 수 있지. 땅 투기는 기본이고, 화적패 만들어서 약탈하고, 애먼 사람 잡아다 범죄자로 만들어서 현상금 타는 놈들까지 생겼다는군."

"좀 심하군."

"그뿐인가. 멀쩡한 사람 꼬셔서 아편쟁이로 만드는 건 일도 아니라네. 관동군한테 뇌물 좀 안겨 주고 아편굴, 매음굴로 떼돈 번 사람들이 꽤 되지. 심지어 연고 없는 사람 잡아다가 노예처럼 부려 먹고 군대에 팔아먹는다는 이야기도 있네. 조선인도 하나 다를 게 없지. 현상금 사냥꾼 보면 조선 사람이 가장 많은 거

아나? 독립군 잡는 *끄*나풀인데 말이야. 돈 좀 먹자고 죄 없는 동
포를 팔아먹는 일인데……. 그러니 만주에서 한눈팔다가는 쥐도
새도 모르게 코 베이기 딱 십상이지."

"……."

"차라리 이름 하나 바꿔서 보호받는 것도 나쁜 생각은 아니야.
일본 이름 하나 있으면 함부로 하지는 않을 테니까 말이야. 여기
서 가장 천대받는 사람은 중국인이고, 그다음이 조선인이지. 일
본인이 가장 존대받고 말이야. 그러니 일본인으로 행세하는 게
만주에서는 꽤 유리하다 이 말씀이야. 조선인이나 일본인이나
게다 신고 유카타 입으면 누군들 구분할 수 있겠어? 그러니 자넬
위해서도 이름 하나쯤은 바꾸는 게……."

"그만 좀 하게. 나 원, 그렇게 일본 이름이 좋은가?"

석은 더는 들을 수가 없어서 소리를 지르고 눈을 부릅뜬 채 갑
기를 노려보았다. 갑기는 잠시 당황한 듯하더니 다시 소리를 높
여 말했다.

"왜 고함을 지르는가? 다 자네 생각해서 한 말이었는걸. 석이!
자네 성격으로 만주 땅에서 견딜 수 있겠는가? 이제 두고 보세.
일본군이 곧 중국 전역을 집어삼킬 걸세. 중국이 일본의 상대가
되겠는가? 자네는 현실을 잘 몰라. 일본이 난징을 점령한 걸 못
봤나? 못 돼도 수십만 중국인이 죽었을걸? 놈들한테 맞서는 건

답이 아니네. 그들에게 맞서는 것은 죽음뿐일세. 그나마 조선이 일본과 전쟁을 안 해서 희생이 적었던 거지. 만약에 조선이 중국처럼 일본에 맞섰다고 해봐. 아마 조선 사람 100만 명은 족히 죽었을걸. 그렇게 개죽음을 당하는 게 좋은가? 어디 말해 보게."

"……."

"난 조선 이름 버리고 일본 이름 취하면 오히려 보호를 받는다고 생각하네. 이름 바꾸는 게 대수인가? 자존심? 그깟 자존심이 뭐가 그리 중요한가? 이름이 목숨보다 중요한가? 다 살자고 하는 말인데 날 동포와 민족을 배반한 쓰레기 취급하다니."

"……."

"어디 대꾸 좀 해 보게."

몰아세우는 갑기의 말에 석은 아무 말도 하지 못했다. 마음이 괴로웠다. 만주 땅에서까지 조선말, 조선 이름을 마음대로 쓸 수 없다고 생각하니 울분이 일었다.

갑기를 원망할 수는 없었다. 그도 살자고 저러는 것이다. 살자고! 치욕스럽지만 살자고 그러는 게 아닌가! 살아남는 게 죄가 되다니. 석은 무슨 말을 해야할지 먹먹해졌다. 그 순간 불덩어리처럼 뜨거운 것이 몸 안에서 불쑥 솟아올랐다. 석은 자신도 모르게 눈물이 났다.

"아니 자네 왜 우는가? 왜 울어?"

"······."

석은 아무 대꾸 없이 그저 훌쩍거리만 했다.

"이런 빌어먹을, 왜 우는 거냐고?"

갑기는 소리를 질렀지만 그의 목소리도 조금씩 흔들리고 있었다.

"······."

석은 흐르는 눈물을 멈출 수 없었다. 속에서 끓어오르는 분노와 모멸과 수치스러움이 뒤엉켜 목으로 터져 나오기 시작했다. 입을 열어도 아무 말을 할 수 없었고 단지 크게 흐느낄 뿐이었다. 곧 갑기의 눈도 흔들리기 시작하더니 어느새 물기로 가득 찼다. 그는 석을 바라보며 눈물을 뚝뚝 흘렸다.

"이런 젠장."

갑기는 서럽게 흐느끼는 백석을 힘껏 껴안았다.

"괜찮아. 괜찮아. 이름 바꾸지 말게. 내가 잘못했어. 내가 잘못했네."

갑기는 석의 등을 두드리며 괜찮다며 다독였다. 하지만 그 역시 스스로 터져 나오는 울음을 멈출 수 없었다. 그렇게 두 사람은 주위가 떠내려갈 것처럼 흐느껴 울었고, 그날로 둘은 이별했다.

가난하고 외롭고 높고 쓸쓸한 만주

"아니, 밭을 그렇게 갈아서 되겠소?"

"네?"

"아니 땅을 더 일궈야지. 그래야 씨앗이 숨을 쉬고 뿌리도 잘 내릴 거 아뇨?"

"네?"

"내가 하는 걸 좀 보오. 자 호미질은 이렇게 하는 거외다."

백구둔 마을의 사내는 백석의 호미질을 지켜보다 답답해 죽겠는지 자신이 직접 시범을 보인다. 백석은 손에 쥐고 있던 호미를 빼앗긴 채 우두커니 서 있었다. 사내는 백석의 하얗고 고운 손을 바라보며 혼잣말로 중얼거린다.

"땅 한 번 파 본 적도 없는 사람이 무슨 농사일을 하겠다고."

사내의 말투에는 백석을 비꼬는 분위기가 역력하다. 그는 낯선 이방인이 달갑지 않았고, 도시 사람이 철없이 농사일에 뛰어들어 일만 귀찮게 한다고 여기고 있었다.

석은 마음이 쓸쓸해졌다.

만주국 경제부를 그만둘 때, 석은 난감했다. 먹고사는 일을 어떻게든 해결해야만 했다. 이제 더는 〈만선일보〉의 이갑기, 박팔양에게 도움을 청할 수 없었다. 물론 어느 정도 버틸 수는 있었다. 경제부에서 받은 돈도 있었고, 얼마 전 토마스 하디의 《테스》 번역이 끝나서 출판사로부터 받은 원고료도 남아 있었다. 하지만 고정적인 일이 없는 한 만주 생활을 지속하기는 어려웠다. 자야를 데려오려면 적어도 생계만큼은 해결해야 했다.

그렇다고 조선으로 돌아갈 수도 없는 노릇이었다. 《테스》 출판 일로 경성에 다녀왔을 때, 석은 더욱 살벌해지는 경성의 분위기를 몸소 느꼈다. 경성 역 검문은 훨씬 까다로워져서 통행증이 없는 이들은 경찰에 붙잡혀 그 자리에서 치도곤을 당하거나 어디론가 끌려가는 일이 잦았다. 거리 곳곳은 감시의 눈초리가 느껴졌고, 전쟁 참여를 부추기는 선전 문구들이 도시를 점령하고 있었다. 그런 도시에서 자유롭게 글을 쓴다는 것은 불가능에 가까웠다. 경성에서 만난 오랜 벗, 허준도 만주로 가고 싶다는 푸념만 늘어놓았다.

그때 석의 눈에 들어오는 일이 있었다. 바로 농사였다. 새로 얻은 숙소 인근에는 조선인 마을이 있었다. 그곳 사람들은 꽤 오래전에 정착해서 황무지를 논밭으로 일군 성실한 농군들이었다. 석이 새로 얻은 하숙을 지나칠 때면 버스의 차창 밖으로 그들이 추수하는 풍경이 보이고는 했다.

씨를 뿌리고, 곡식을 가꾸는 일만큼 정직한 일이 있을까? 몸은 수고롭지만 마음이 덜 괴롭고, 소출이 적어도 자기 한 몸 먹을 양식은 거둘 테니 일본인 비위 맞추며 정신을 어지럽히는 것보다 당당하고 자유로울 것 같았다. 이념도 이데올로기도 필요 없는 농사. 어쩌면 흙에서 땀 흘려 일하는 게 진정한 정신의 해방이 아닐까.

석이 백구둔 마을을 처음 찾았을 때, 마을 촌장은 백석에게 무척 호의적이었다. 손자가 경성 연희전문학교를 다니고 있다면서 경성에서 온 백석이 남 같지 않다고 했다. 그는 백석에게 농사지을 밭뙈기와 농기구를 내주며 백석을 도왔다.

하지만 태어나서 풀 한 번 뽑아 본 적 없고, 호미도 잡아 본 적 없는 백석으로서는 농사일이 쉬운 게 아니었다. 속이 얼어붙은 땅을 일구려다 삽날만 버려 놓았다고 타박을 들었고, 호미질 하나를 요령껏 못해서 아낙네들의 핀잔을 들었다. 촌장은 백석을 도우려 했지만 마을 사람들은 냉랭하기만 했다. 글만 봤던 샌님이 그러면 그렇지라는 비아냥이 곳곳에서 들려올 뿐이었다.

"그만 도시로 돌아가소. 땅 파먹고 사는 사람들 더는 무시하지 말고."

"네? 무시라니요? 제가 어떻게……."

"며칠 전에 말 안 했소? 일도 다 때가 있고, 요령이 있다고. 처음부터 욕심부리지 말고 우리 보면서 차근차근 배워 가라고 안 그랬소? 선생처럼 그렇게 무턱대고 나서다 농기구만 못 쓰게 되는 거 아뇨?"

"……."

"농사는 혼자서 하는 게 아니라 같이하는 거요. 농사가 아니라 마을에서 사는 법부터 익혀야지. 선생처럼 외지에서 버스 타고 다니면서 무슨 농사를 짓는다고."

"……."

"경성에서 잘 나가던 먹물들이 이곳에 한두 번 기웃거린 줄 아오? 그 사람들 한두 달도 못 되어 다시 도시로 돌아갔소이다. 선생도 그럴 거 아니요? 촌장님이 잘해 주니까 마을 사람도 다 그렇다고 여긴다면 크게 잘못 생각한 거요."

"……."

"우리도 사는 게 복잡해요. 가슴속에 멍이 가득 든 사람들이

오. 그냥 잊고 사는 거지. 꼭 잊을 만하면 멍 자국을 떠올리게 하
는 사람들이 선생처럼 찾아온단 말요. 더 이상 욕보이지 말고 어
서 떠나시오."

조선인 마을의 멍 자국. 그건 내력이 있었다. 만주 이주 초기,
그러니까 조선이 망하기 직전, 사람들은 지방 관리의 착취도 없
고, 일본의 간섭도 없는 만주를 선택했다. 힘들고 어렵지만 황무
지를 개척하면 그곳에서 농사짓는 것이 자유로웠기 때문이었다.
한동안 만주는 평화롭고 고요했다.

그러다 조선이 아주 망하자 만주로 이주해 오는 사람들이 급
격하게 늘어났다. 당연히 일자리도 부족하고, 당장 농사지을 땅
도 부족해졌다. 그뿐 아니라 독립군이 만주를 거점으로 활동하
자 이를 소탕하려는 일본군이 몰려 들어와 조선 사람들을 핍박
하기 시작했다. 독립군과 내통한다며 마을 전체를 불태우고 사
람들을 학살하는 일이 곳곳에서 벌어졌다.

살아남은 사람들은 일본군을 피해 점점 만주의 서북쪽으로 옮
겨 갔다. 조선과 멀어지고, 또 다른 황무지를 개척해야만 그들은
평화를 얻을 수 있었다. 그렇게 그들은 쫓기고 또다시 쫓겨서 러
시아 사람들이 있는 곳까지 마침내 밀려온 것이었다. 그러니 이
들이 외지인에게 불편한 감정을 갖는 건 당연한 일이었다.

"돌아가소. 당신들이 들어오면 우리는 또다시 북쪽으로 가야

할 건데, 이제 더 갈 곳도 없소."

"……."

"무슨 사정이 있어서 왔는지 모르지만 우리는 사람들 눈에 안 띄면서 우리끼리 사는 게 좋소."

"……."

석은 더는 대꾸할 수 없었다. 자기를 맑은 시냇가에 어쩌다 떠내려온 독풀처럼 여기는 사내에게 더 이상의 해명은 의미가 없었다. 석은 고개를 떨궜다.

'어릴 때 농사일을 배워 둘 것을…….'

이제 밭에도 더는 나갈 수 없을 것 같았다.

낯선 만주. 가족도, 친구도, 직장도, 동료도, 사랑하는 연인마저 내팽개치듯 떨치고 떠나온 곳. 오로지 정신의 자유를 얻기 위해, 시를 쓰기 위해 선택한 곳. 외롭고 쓸쓸하더라도 시만 쓰면 된다고 여겼던 곳. 그런데 정작 정붙일 곳을 찾지 못하자 무거운 고독이 백석의 머리를 내리눌렀다.

석은 괴롭고 쓸쓸했다. 누구 하나 자신을 동정하거나 위로해 주는 이가 없는 게 고독을 더 뼈저리게 만들었다. 어째서 이 지경에 이르렀나.

그는 생각했다. 어째서 늘 고독한가. 일본 유학을 할 때, 〈조

선일보〉에서 기자로 일할 때, 영생고보에서 학생을 가르칠 때,
석은 늘 물 위의 기름처럼 사람들과 섞이지 못했다. 그런 까닭에
한 직장에 오래 붙어 있지 못하고 떠돌이로서 살았을지 모른다.

차라리 독립군이 되어 볼까. 일본이 싫다면, 일본의 억압이 싫
어서 이곳 만주까지 온 거라면 마땅히 독립군이 되는 게 옳지 않
은가? 독립군? 얼마나 훌륭한 목표와 명분인가? 그런데 독립군
이 된다면 그들과 섞일 수 있을까? 독립군 대장의 지시를 잘 따
를 수 있을까? 총칼을 들고, 적들을 겨누고, 공격하고, 치명상을
입혀서 마침내 죽게 만드는 일. 그게 아니라면 독립군 첩자가 되
어 철저히 상명하복에 따라 자기 의지 대신 대의명분을 따르는
일. 그런 일을 할 수 있을까?

석은 고개를 가로저었다. 태생적으로 권위를 거부하고, 집단
의 압력이나 질서를 싫어하는 자신의 성향상 아무리 옳은 명분
이 있더라도 상명하복을 따르기는 어려웠다. 어디에도 속하기
어려운 사람. 세상 같은 건 버리고 홀로 살아가야 할 사람, 그게
백석이었다.

어째서 남들처럼 쉽게 어울릴 수 없을까? 어째서 세상을 거부
하고 스스로 외로움에 고통받는가? 남들 따라 사는 게 왜 이리
힘들까?

석은 갑자기 신현중의 얼굴이 떠올랐다. 가장 믿고 의지했던

친구였지만 사랑하던 란을 빼앗아간 사람. 그는 지금쯤 〈조선일보〉를 그만두고 처가가 있는 통영에 내려가 란이와 행복한 삶을 살고 있겠지. 밥상에 마주 앉아 시원한 대구국을 먹으며 우는 갓난쟁이를 달래 주면서.

만약 란이가 신현중이 아니라 나를 선택했더라면 어땠을까? 나 역시 소박한 즐거움을 누릴 수 있었을까? 나는 왜 신현중처럼 소박한 행복을 누릴 수 없는가? 자야는? 사랑하는 자야와는 왜 혼인을 하지 못했지? 나의 나타샤와 산골로 가서 살아가는 게 정녕 불가능하다는 말인가? 왜 나의 행복은 늘 절름발이일까? 어째서 평범한 삶은 내 것이 될 수 없을까?

모든 일은 시에서 시작됐다. 시를 써야 하기에 타협할 수 없고, 시를 써야 하기에 새로운 영감을 찾아야 하고, 시를 써야 하기에 남이 아닌 나가 되어야 했다. 세상에 평범한 시는 없다. 시는 한 편, 한 편이 홀로 온전히 숨을 쉬어야 한다. 다른 것과 타협하지 않고, 다른 것에 기대지 않고. 그러므로 시를 쓰는 시인은 세상과 어울리기 어렵다. 시를 쓰는 동안 납처럼 무거운 고독을 안고 사는 사람, 그가 시인이다.

운명이다. 시를 쓰며 살아가는 사람의 운명. 프로메테우스가 불을 훔친 죄로 코카서스 산중에 묶여 간을 쪼아 먹혔듯, 시인은 인간의 숨은 감정을 파헤친 죄로 영원한 형벌을 받은 거다. 고독과 외로움에 갇혀 살아가는 형벌을.

그런 죄라면, 그런 운명이라면 고독한 시인의 삶은 어쩌면 숭고하다. 인간의 숨은 양심을 찾고 그것을 지키다 시대로부터, 사람들로부터 외면받는다면 그건 숭고한 일이다. 고독한 프로메테우스가 숭고하듯, 버림받은 시인도 숭고하지 않은가.

석은 생각했다. 위대한 선배 시인들의 삶은 어땠을까? 두보나 이백은? 도연명은? 릴케와 프랑시스 쩸 같은 시인들은? 타협 없는 삶. 고독한 삶. 자신의 십자가를 지고 쓸쓸히, 그러나 숭고하게 생을 마감한 사람들. 어쩌면 그런 삶이 내게 주어진 것은 아닐까?

석은 희미한 15촉 전등 불빛 아래 시를 쓰기 시작했다. 눅눅한 습기라도 먹은 것처럼 글자들은 형체를 잃었고, 종이 위에 잉크가 어지럽게 스며들었다. 석은 물기 어린 눈을 연신 닦아 내며 한 자, 한 자를 옮겼다.

오늘 저녁 이 좁다란 방의 흰 바람벽에
어쩐지 쓸쓸한 것만이 오고 간다
이 흰 바람벽에
희미한 십오 촉 전등이 지치운 불빛을 내어 던지고
때글은 다 낡은 무명 샤쯔가 어두운 그림자를 쉬이고

그리고 또 달디단 따끈한 감주나 한잔 먹고 싶다고 생각하는
내 가지가지 외로운 생각이 헤매인다

그런데 이것은 또 어인 일인가

이 흰 바람벽에

내 가난한 늙은 어머니가 있다

내 가난한 늙은 어머니가

이렇게 시퍼러둥둥하니 추운 날인데 차디찬 물에 손은 담그고
무이며 배추를 씻고 있다

또 내 사랑하는 사람이 있다

내 사랑하는 어여쁜 사람이

어느 먼 앞대 조용한 개포가의 나즈막한 집에서

그의 지아비와 마주 앉아 대구국을 끓여 놓고 저녁을 먹는다

벌써 어린것도 생겨서 옆에 끼고 저녁을 먹는다

그런데 또 이즈막하여 어느 사이엔가

이 흰 바람벽엔

내 쓸쓸한 얼골을 쳐다보며

이러한 글자들이 지나간다

　- 나는 이 세상에서 가난하고 외롭고 높고 쓸쓸하니 살아가도
　　록 태어났다

　　그리고 이 세상을 살아가는데

내 가슴은 너무도 많이 뜨거운 것으로 호젓한 것으로 사랑
으로 슬픔으로 가득찬다
그리고 이번에는 나를 위로하는 듯이 나를 울력하는 듯이
눈질을 하며 주먹질을 하며 이런 글자들이 지나간다
— 하늘이 이 세상을 내일 적에 그가 가장 귀해하고 사랑하는
것들은 모두 가난하고 외롭고 높고 쓸쓸하니 그리고 언제
나 넘치는 사랑과 슬픔 속에 살도록 만드신 것이다
초생달과 바구지꽃과 짝새와 당나귀가 그러하듯이
그리고 또 프랑시쓰 · 쨈과 도연명(陶淵明)과 라이넬 · 마리아 ·
릴케가 그러하듯이

— 〈흰 바람벽이 있어〉, 백석.

바람벽으로 스며드는 새벽녘의 외로운 한기를 느끼며 석은
몸을 떨었다. 몸은 차가웠지만 마음은 이상하게 한결 푸근했다.
묘했다. 시를 써 내려가자 마음이 천천히 진정되기 시작했다.
석은 고독이 어둠 속으로 천천히 후퇴하는 것을 느꼈다. 어느새
눈물이 마르고 표현 하나하나에 집중하느라 외로움을 느낄 틈
이 없었다.
'아, 이것이었나?'
석은 생각했다. 위대한 선배 시인들이 포기하지 않고 시를 썼

던 까닭을. 지독한 고독에 맞설 수 있었던 것, 그건 시를 쓰는 동안 자기 세계를 완성해 가며 고독을 창조의 순간으로 여겼기 때문이었을 것이다.

석은 시를 쓰고 지우고, 쓰고 지우고 그렇게 몇 번을 반복했다. 창밖으로 동이 터올 때까지 그는 오로지 시에 파묻혔다. 결과가 중요한 게 아니었다. 쓰는 순간, 시에 몰입하는 순간 그는 모든 것을 잊었다. 첫사랑의 아픔도, 만주 땅의 외로움도, 이루지 못한 꿈과 사랑까지.

그날 이후 석은 온전히 시 쓰기에 전념했다. 시를 쓰는 일만이 그를 고통 속에서 구원해 주었다. 그렇게 그는 온몸으로 고독의 높은 파도를 넘나들고 있었다.

1941년 4월. 조선어로 된 마지막 잡지 〈문장〉이 폐간되었다. 조선어로 발표할 공식적인 지면이 사라진 것이었다. 석은 〈문장〉 마지막 호에 〈흰 바람벽이 있어〉, 〈국수〉, 〈촌에서 온 아이〉를 발표했다. 또 다른 잡지에도 〈조당에서〉, 〈두보나 이백같이〉, 〈귀농〉을 발표했다. 마치 마지막 굿판이라도 펼치듯 여섯 편을 한꺼번에 보란 듯 내어놓은 것이다.

이제 더는 발표할 공간은 없었다. 앞으로 발표는 무조건 일본어로 해야 한다. 숱한 동료 작가들은 조선 이름과 조선말을 버리고 일본어로 작품을 쓰기 시작했다. 하지만 석은 흔들리지 않았다. 그건 진정한 시가 될 수 없었고, 자기를 포기하는 일이었다. 차라리 발표하지 않으면 그뿐, 자기 이름을 버리고, 자기 말을 버리고 시를 쓸 수는 없었다.

암흑의 시간. 하지만 그가 시를 포기한 것은 아니었다. 발표할 수는 없어도 마음에 떠오르는 말들을 그저 참아 낼 수 없어 시상을 늘 정리해 두었다. 한편으로 그는 고독에 맞섰던 선배 시인들을 두루 읽기 시작했다. 두보와 이백과 릴케와 프랑시스 쨈을, 톨스토이와 푸쉬킨과 숄로호프를. 그리고 그 숭고한 업적을 차분히 우리말로 바꿔 보기로 했다. 누군가는 조선의 정신을 일본어로 바꾸느라 여념이 없었지만, 석은 거꾸로 위대한 문호들이 만들어 놓은 낯선 말들을 정답고 사랑스러운 조선말로 바꾸는 데에 매달렸다. 출판이야 때가 되면 언젠가 할 수 있는 법, 그렇게 백석은 고독에 맞서 영혼의 힘을 기르고 있었다.

해방, 자유롭지만 부끄러운.

"소식 들었어?"

허준이 방문을 열어젖히더니 숨을 헉헉대며 물었다. 언젠가부
터 경성에 있던 허준도 만주로 와 있었다. 친일로 가득한 조선의
문단에서 더는 견딜 수 없었기 때문이었다.

"정말 아무 소식도 못 들었어?"

"무슨?"

"놀라지 마."

"일본이……. 일본이……."

"일본이?"

허준은 무엇에 크게 놀라기라도 한 듯 말을 제대로 잇지 못했
다. 석은 러시아 작가 숄로호프의 《고요한 돈강》을 천천히 읽는
중이었다. 준은 석이 읽고 있는 책을 낚아채더니 들뜬 어조로 말

을 이었다. 전에 일본이 하와이 진주만을 기습할 때도 지금처럼 놀란 눈으로 소식을 전해 주던 일이 떠올랐다.

"일본이……."

"일본이 또 무슨 짓을 저질렀나? 미국 본토라도 공격한 모양이지. 그들이 야만적인 건 이제 놀랍지도 않아."

허준은 고개를 가로저으며 말했다.

"석아, 일본이, 일본이 망했단다."

"뭐? 일본이?"

"그래. 일본이……. 일본이 항복했다고!"

석은 멍했다. 일본이 망했다고? 며칠 전 관동군이 시가지에서 대규모로 이동하는 걸 봤는데? 그런 일본이 망했다고? 석은 믿기지 않았다.

"세상 살다 보니 이런 날도 다 있다. 석아, 이제 일본은 끝났어! 끝났다고!"

"일본이 끝났다고?"

석은 준의 말을 또다시 되물었다.

"그래 일본이 아주 망해 버렸다고. 망해 버렸어. 안동 시내에 사람들이 구름처럼 몰려 있어. 다들 흥분해서 난리가 났어. 방금 그곳을 거쳐 오는 길이야."

1945년 8월 15일.

마침내, 그날은 왔다.

석은 믿기지 않았다. 얼마 전까지 라디오 방송에서 미군 항공모함을 침몰시켰다는 뉴스가 연일 쏟아지지 않았던가. 그런 일본이 갑자기 망하다니.

태어날 때부터 석에게 조선은 일본의 식민지였다. 학교에서 일본어를 배웠고, 커서는 일본 유학을 다녀왔고, 기자로 일할 때 경성 거리에 활보하는 일본인을 항상 봐 왔었다. 영생고보에서도 일본인 교사와 함께 일하지 않았던가. 심지어 이곳 만주에서조차 일본인은 가장 우등한 시민으로 군림하고 있었다. 그런 일본이 망했다고?

한쪽 눈이 감겼던 사람이 갑자기 두 눈을 뜬 것처럼 석은 당황스러운 기쁨에 정신이 어질어질했다.

석은 어찌할 바를 몰랐다. 어두워 가는 거리로 뛰쳐나가 남들처럼 만세를 부르기도 멋쩍었고, 그렇다고 감당할 수 없는 기쁨을 그냥 흘려보내기도 아쉬웠다.

"어둠이 빛을 이길 순 없다더니 결국 이런 날이 오는구나."

"그래, 해방이라니! 일본이 거꾸러지다니. 이런 날이 오고야 말았어. 끝내는 오고야 말았다고!"

평소 침착하던 준도 갑작스러운 해방에 감정이 격하게 흔들렸다.

"자, 이럴 게 아니라 숨겨 놓은 술이라도 한잔 마셔야겠군."

"술이 있었어? 이게 얼마 만이야? 술을 다 마시고."

석은 몰래 숨겨 둔 술을 다락에서 꺼내 왔다. 전쟁 물자가 부족한 일본이 닥치는 대로 온갖 것을 빼앗아 가는 탓에 술 한 병 숨기기도 쉽지는 않았었다.

두 사람은 서너 잔을 연거푸 마셨다. 술이 들어가자 석의 눈시울이 붉어졌다. 만주에서의 고독한 삶이 주마등처럼 스쳤다. 석은 백구둔 마을에서 농사를 포기한 뒤, 먹고 살려고 안동 세관에 들어가기도 했고, 농장에서 허드렛일을 하다 쫓겨난 적도 있었다. 끼니를 이으려고 잡문을 번역하고, 장사하는 러시아인들 통역에 나설 때도 많았다. 그러다 시비가 붙어 곤욕을 치른 일이 어디 한두 번인가.

안타깝게도 자야와의 소식도 끊어지고 말았다. 어떻게든 자리를 잡아서 그녀를 만주로 데려오려 했던 계획은 순탄치 않았다. 마음이 진정된 자야가 만주로 오겠다며 연이어 소식을 전해 왔지만 사랑하는 연인에게 가난하고 비참한 자신의 모습을 보이는 걸 석은 용납할 수 없었다. 그러던 차에 태평양 전쟁이 터져 자야도 경성을 떠날 수밖에 없었고 겨우겨우 이어 가던 편지도 끝내 끊어지고 말았다. 그렇게 두 사람은 무정한 세월을 지내야만 했다.

그녀를 마음에서 떠나보낼 때 얼마나 괴로웠던가. 마치 넋이 빠져나간 허깨비처럼 온종일 흐느적거리며 시간을 보내지 않았던가.

석은 마시던 잔을 내려놓으며 말했다.

"일본이 없는 세상은 어떨지 궁금하군."

"그러게. 일본이 없는 세상을 살아 본 적이 있어야지."

"준아, 조선으로 돌아갈 거지?"

"그래야지. 만주에 남을 이유가 없잖아. 가족도 경성에 있는 걸. 경성은 지금 어수선하겠지? 넌 언제 출발할 거야?"

"글쎄. 나도 조선으로 돌아가기는 해야지."

"무슨 말이 그래. 고향으로 돌아가는데 기쁘지 않아? 자야도 아마 널 눈 빠지게 기다릴 거야."

"자야?"

그녀를 만난다? 석은 잠시 잠깐 흥분이 일었다. 그러나 이내 그 흥분은 쓸쓸한 죄책감으로 바뀌고 말았다. 이제 와서 어떻게 그녀를 뻔뻔히 다시 만날 수 있나? 아무리 그녀를 잊지 못한다 해도 그건 자야에 대한 예의가 아니었다. 사실 석은 만주에서 혼인을 한 번 더 했었다. 상대는 지인의 동생으로 피아노를 전공하는 문경옥이었다. 석은 생계를 이어 가기 위해 지인의 농장에서 숙식을 해결하다 우연히 인연이 닿아 그녀와 짧은 결혼 생활을 했었다. 생활도 곤궁했고 문경옥과 그 오빠가 워낙 적극적이어서 이뤄진 혼인이었지만 역시 얼마 안 가 파탄이 나고 말았다. 그런 상황에서 사랑하는 자야를 아무렇지 않게 다시 만날 수는 없다. 또다시 그녀에게 깊은 상처만 남길 게 아닌가. 이제 그녀도 그 옛날 란이처럼 누군가의 연인이 되었기를 소망하는 게 최소한의 양심을 지키는 일이다. 자야와의 사랑은 그것 그대로 가슴 깊이 남겨 둔 채.

"내가 무슨 염치로 자야를 만나겠어. 이제 그 사람과는 어렵지."

"그래도 알아? 널 뼛속까지 좋아하던 여자였는걸. 아무튼 자야가 아니더라도 조선으로 돌아가야지. 가면 할 일이 꽤 많을 거야."

"난, 정리할 일이 남아서 서두르지 않으려고."

"무슨 소리! 나랑 같이 서둘러 경성으로 가자. 그곳에서 다시 활동해야 하지 않겠어? 신문사를 들어가도 되고, 선생으로 복귀해도 되고, 너야말로 해방된 조선에서 할 일이 많겠는데."

"글쎄. 나는 경성에 돌아갈 마음은 아직……."

"아무튼 정리되는 대로 조선으로 가자고. 자, 오늘은 한잔 더

들자!"

"좋지!"

석은 다시 웃는 표정으로 준과 함께 잔을 부딪쳤다.

해방은 무척 반가운 일이었다. 오랫동안 저리던 몸에 시원하게 피가 흐르는 기분이었다.

그런데도 석은 어딘지 모르게 마음이 꺼림직했다. 자야에게 느끼는 죄책감과 별개로 그는 해방을 마음 놓고 기뻐하는 게 어딘지 모르게 불편했다. 해방된 조선에 대한 기대가 없어서 그런 것이 아니었다. 이제 마음 놓고 조선말을 쓸 수 있고, 그간 번역한 작품도 세상의 빛을 볼 수 있다. 준이 말대로 학교로 복귀도 가능하고, 잡지사에서 일자리를 구할 수도 있다. 하지만 석은 편한 마음으로 기대와 설렘이 일어나지 않았다. 이상하게도 석의 마음에는 해방의 기쁨보다 죄책감과 수치심이 더 크게 느껴졌다.

해방? 좋은 말이다. 그런데 해방이 될 때까지 무슨 일을 했던가? 해방을 아무 부끄러움 없이 맞이해도 되는 건가?

석은 이곳 만주에서 일본군이 눈이 뒤집혀 누군가를 뒤쫓는 걸 종종 목격한 적이 있었다. 그들이 찾는 목표는 다름 아닌 독립군이거나, 그들을 돕는 밀정들이었다. 석은 그들을 떠올리면 자신도 모르게 미안하고 죄스러웠다. 적극적으로 일본에 맞서지도 못하고, 맞서는 사람을 돕지도 못한 자신이 초라해 보였다.

가족도, 친지도, 자신의 미래도 헌신짝처럼 버리고 오로지 신념을 위해 살아간 사람들. 언제 일본군에 발각될 지, 언제 일본군의 공격으로 죽게 될 지 미래를 기약할 수 없던 사람들. 그런 사람들에게 해방은 떳떳이 축하받을 만한 일이다. 하지만 그런 이들이 과연 얼마나 될까? 해방을 맘껏 누릴 사람이 몇이나 될까?

석은 갑자기 박팔양과 이갑기가 떠올랐다. 그들뿐이 아니었다. 일본을 따랐던 동료 작가와 기자들의 이름이 하나둘씩 떠올랐다. 이름을 바꾸고 일본어로 글을 쓰고, 전쟁을 미화하던 그들. 그들도 해방을 맞아 길거리로 뛰쳐나왔을까?

그들은 어떤 포즈를 취할까? 일제에 협력하지 않았다고 뻔뻔하게 자기를 부정할까? 아니면 떳떳하게 과오를 인정하고 책임을 질까? 그도 아니면 일본으로 도망치거나 어딘가에 꽁꽁 숨기라도 할까?

'그럼 나는? 어떤 노력도 희생도 없이, 정당한 값을 치르지 않고 무임승차를 한, 나같은 사람은?'

석은 해방이 반가웠지만 그 기쁨이 조만간 발각될 무임승차의 불안한 행복은 아닐까 생각했다. 그의 귓전은 심장에서 쏟아 내는 질문들로 끊임없이 울리고 있었다.

'당신은 뭐가 즐겁지?

당신은 그동안 어디 있었어?

혹시 친일하지 않았어?

당신도 일본 이름으로 바꿨지?

만주국에서 공무원으로 일하고, 안동 세관에서 근무했지?

그럼 일본 편에 서서 일한 거 아냐?

시인이고, 작가라면서 양심에 가책은 안 드나?'

그렇다. 해방은 분명 큰 기쁨이지만 그간의 죄책감과 수치심을 일깨운 사건이기도 했다. 이런 마음으로 경성에 돌아가 아무렇지 않게 신문사에 근무하고, 학교 선생을 한다? 그건 안될 말이다. 그저 조용히, 소란스럽지 않게 해방을 미안한 마음으로 맞이하는 것, 이것이 해방을 맞이하는 자세여야 한다. 당분간 미안하고 부끄러운 마음으로 사는 것, 그것이 해방을 대하는 작가로서의 최소한 양심이다.

그렇다면 어디로 가야 할까?

경성?

아니다. 우선 경성을 가기에는 너무나 부끄럽다. 그동안 양심을 지키던 이들이 하나둘씩 귀환해서 자기 목소리를 내는 곳에 부끄럽게 함께할 수는 없다.

통영? 남해안 끝자락의 아름답던 항구. 하지만 그곳은 갈 수 없다. 마음속으로 수없이 되뇌었지만 이제 그곳은 다른 인연이 자리 잡은 곳이 아닌가.

그렇다면 함흥인가? 추억이 많은 함흥 땅. 자야와의 추억이 거리거리마다 녹아 있는 땅. 자야와 또다시 사랑을 시작하고 싶은 곳. 그러나 무슨 면목으로 그녀를 다시 본다는 말인가. 이제 그녀와의 추억은 평생 가슴속에 묻어야 할 일. 행여 그녀가 자신을 용서하고 받아들여 준다 해도 석은 자신이 없었다. 그녀를 가족으로 받아들이지 않을 부모님을 생각하면 자야가 받을 상처가 너무나 크게 느껴졌다. 함흥? 자야가 없는 함흥? 그건 괴로운 추억을 매일처럼 떠올리는 일이다. 게다가 예전처럼 학교에서 학생들을 가르칠 수도 없다. 부끄럽고 미안한 마음으로, 당당하지 못하고 수치스러운 마음으로 어떻게 학생들을 가르친다는 말인가.

부끄럽고 미안한 마음으로 지낼 수 있는 곳, 그렇다. 고향이다. 고향으로 돌아가면 조용히 책을 읽고, 시를 쓰고, 못 배웠던 농사일도 조금씩 익힐 수 있다. 새로 시작해야 한다면 그곳은 경성도 아니고, 통영이나 함흥도 아닌 고향 정주 땅이어야 한다.

고향으로 가는 길 위에서

　나루터에는 압록강을 넘으려는 사람들로 가득 찼다. 고향 정주로 가려면 안동에서 압록강을 건너 신의주에서 기차를 타는 게 가장 빨랐다. 석은 먼저 떠난 허준과 끝내 동행하지 않았다. 허준의 최종 목적지는 경성이었고 석은 고향 정주로 가는 길에 올랐다.

　늦여름 더위는 여전했지만 새 시대에 대한 기대처럼 강바람은 시원했다. 압록강 나루터는 사람들로 들끓었고 강 위에는 크고 작은 배들이 긴 행렬을 이루고 있었다. 신의주로 가려는 사람들이 몰리자 압록강에는 작은 고기잡이배조차 사람들을 태우고 있었다. 배 안에서 사람들은 다닥다닥 엉겨 붙어 쉴 새 없이 이야기를 나눴고, 저마다 고향으로 가는 기대에 부풀어 있었다.

　갓난쟁이를 포대기로 업은 아낙네도 보였고, 중절모에 양복

차림을 한 사내도 눈에 띄었다. 진회색 두루마기를 걸친 노인과 이제 열다섯, 열여섯을 먹은 여자아이들도 있었다. 대체로 중년의 사내들이 많았고 이들은 만주 땅에서 잡부로 일하던 사람들이었다.

"이야기 들었소? 조선 땅에 미국이랑 소련이 들어온다고 합디다. 38선인가 뭔가를 정해서 위쪽은 소련군이, 남쪽은 미군이 들어온다고 하지 않소?"

"고마운 일 아뇨? 지금 조선이 무슨 힘이 있어야지. 두 나라가 힘을 합쳐서 일본 잔당 놈들 쫓아내고 조선을 해방시켜 주겠지요."

"근데, 왜 미국이면 미국. 소련이면 소련. 이렇게 한 나라가 올 것이지, 두 나라가 오는지 모르겠소."

"그거야 조선 땅이 길쭉해서 그런 거 아뇨? 소련은 북쪽으로 들어오고, 미국은 남쪽에서 들어와서 서울에서 만나면 되겠네. 하하!"

"아, 그렇겠네요. 하하!"

정치에 관심이 있는지 중년 사내 서넛이 서로 이야기를 주고받고 있었다. 모두 해방된 조선이 어떻게 될지 높은 관심을 보이고 있던 터였다.

"아무튼 김구 선생이랑 여운형 선생이 힘을 합치면 조선도 금방 좋아지지 않겠소?"

"무슨 말씀을. 현상금으로 따지면 김원봉 만한 사람이 어디 있소? 일본놈들이 이름만 들어도 벌벌 떤다던데."

"김원봉? 김원봉이 누구요?"

"아니 김원봉도 몰라요? 일본인들이 가장 무서워하는 사람인데."

"거, 공산주의자 아니요? 나는 공산주의자들은 무섭던데. 중국에서도 공산주의자들을 쫓아내려고 장개석이가 애를 많이 쓰고 있잖아요. 해방되고 공산주의자가 설쳐 대면……."

"공산주의가 뭐 어때서? 그저 나라 위하고, 백성 위하면 그만이지. 안 그래요. 하하!"

"뭐요? 이 사람이……. 김구 선생이 중심을 잡아야 나라가 잘 돌아가지. 어디 공산당이 나라를 구한다고 그러쇼. 안 그렇소?"

사내는 갑자기 아무 말도 없는 백석에게 자기 의견에 동의라도 구하듯이 눈길을 준다. 석은 당황한 나머지 고개를 끄덕이다가 김원봉을 지지하던 사내의 서운한 눈초리를 바라보고 고갯짓을 그만두었다.

석은 정치에 별다른 생각이 없었다. 석은 자유주의자도 아니었고 사회주의자는 더더욱 아니었다. 석은 그저 고향에 내려가 조선어로 글을 쓰고, 먹고살 만큼 양식을 지어 먹으며 훗날 기회가 주어진다면 학생들에게 문학을 가르칠 작정이었다. 그런 까닭에 석은 애써 그들의 대화를 외면하고 있었다.

사내들은 말이 통하지 않자 대화를 멈추고 서로 외면한다. 어색한 침묵이 흐르고 냉랭한 분위기가 감돌았다.

나루터에서 한참 벗어나 배가 강의 중심으로 나아가자 주변에 서늘한 기운이 맴돌고 강바람도 거세졌다.

"어라, 날씨가 수상하네. 금방이라도 한바탕 쏟아질 기세인데."

사내 중에 한 사람이 하늘을 올려보며 말했다. 아니나 다를까. 먹구름이 하늘에 무겁게 내려앉아 있었다. 그러더니 이내 한두 방울 빗물이 떨어지기 시작한다.

"에고, 이거 쫄딱 젖게 생겼네. 강 한복판에서 이를 어째."

한두 방울 떨어지던 빗물은 후두둑후두둑 강한 빗줄기가 되어 떨어지기 시작한다. 배 안은 금방 아수라장이 되고 만다. 다닥다닥 붙어서 움직이기도 어려운 상황에서 사람들은 그저 떨어지는 비를 맞아야 했다. 사람들이 아우성을 쳐 댔지만 뱃사공이라고 별 수가 없다. 그저 삿대를 내젓는 손아귀의 힘만 약해질 뿐. 배의 속도는 느려지고 빗물이 바닥에 차 오르기 시작한다. 발밑은 물에 잠기고 서늘한 강바람에 몸이 으슬으슬해진다.

소란스러운 빗소리에 섞여 어디선가 갓난쟁이 울음소리가 들려온다. 빗소리에 놀랐는지, 스치는 바람 때문인지, 빗물이 스민 탓인지 아이의 울음에는 맹렬한 공포가 섞였다. 어느새 포대기로 갓난쟁이를 싸서 품에 안은 아낙네는 등을 구부린 채 필사적으로 떨어지는 비를 막았다. 그럼에도 여인의 젖은 옷자락에서 흘러내리는 빗물이 아이의 얼굴에 떨어지는지 울음소리는 그치지 않는다.

석은 엉거주춤 일어섰다. 쏟아지는 빗줄기에도 아랑곳하지 않고 석은 여인 앞으로 나아갔다. 그는 겨우겨우 균형을 잡고 양복상의를 벗어 가죽 가방을 감싼 뒤, 여인에게 떨어지는 빗물을 막았다. 빗물을 온전히 막지는 못했지만 꽤 줄어들기는 했다. 그러자 아이의 울음소리가 차츰 잦아들었다. 차가운 빗물에 몸은 서늘했지만 마음은 오히려 푸근했다. 한 시간쯤 지났을까? 빗방울이 더는 떨어지지 않았다.

해방된 조선으로 가는 길은 쉽지 않았다. 빗줄기가 사라지자 척척하게 젖은 옷들이 피부에 엉겨 붙어 사람들의 모습은 그야말로 물에 빠진 애처로운 길짐승처럼 보였다.

석은 가방을 열어 보았다. 이미 빗물이 스며들어 책과 원고 뭉치가 물에 젖어 있었다. 갓난쟁이를 안고 있던 여인이 고맙고 미안한 표정을 지으며 백석에게 고개를 숙인다. 갓난쟁이는 다행히 비를 거의 맞지 않았다. 포대기도 끝부분만 젖었을 뿐이었다.

저녁이 되어 도착한 신의주 나루터에는 사람들로 넘쳐나고 있었다. 마치 피란민처럼 보따리나 꾸러미를 짊어진 사람들이 길가에 자리를 잡고 있었다. 그들은 한눈에 봐도 며칠씩 노숙을 한 것처럼 보였다. 석은 사람들을 비집고 앞으로 나아갔다.

"이 사람이? 어딜 밀치는 거요?"

"죄송합니다. 혹시 기차 역으로 가려면 이 길이 맞을까요?"

상대는 어이없다는 듯 석을 빤히 바라봤다.

"아니, 지금 이 양반이……. 지금 우리가 길바닥에서 뭐하는 것처럼 보이슈? 다들 기차 역에 못 들어가서 이렇게 기다리고 있는 거 아뇨? 저 앞 사거리에서 오른쪽으로 돌아가면 기차 역이 있수. 기차 타려는 사람이 어디 한둘인 줄 아우?"

"네? 그럼 모두 기차를 기다리고 있단 말인가요?"

"나, 원. 보면 모르겠수. 다들 고향으로 가겠다고 한꺼번에 몰린 거 아뇨. 난 충청도 공주까지 가야 하는데, 벌써 이틀째 길바닥에서 기다리고 있수."

석은 그제야 친구 허준이 길을 돌아가는 게 빠를 거라는 이야기를 실감했다. 신의주 역은 그야말로 북새통이었다. 경성까지 오고 가는 철도는 기껏해야 하루 두세 차례. 임시 열차를 운영해도 귀향하려는 사람들을 실어 나르기에는 역부족이었다.

사람들은 기관실과 짐칸, 석탄이 가득 찬 화차 안과 심지어 지붕 위까지, 앉을 자리가 있는 곳이면 어떻게든 자리를 잡고 끼어 탔다.

"기차 타려면 저 뒤로 가서 순서를 지키쇼. 알 만한 사람인 것 같은데 무턱대고 들이대면 되겠소. 다른 사람들도 다 힘 빠지게 기다리고 있는데."

"네. 죄송합니다."

결국 석은 기차 타는 것을 포기한 채 귀향 행렬이 잠잠해질 때까지 역 근처에서 하숙을 해야 했다.

수일이 지나고 기차에 올랐지만 여전히 기차는 사람들로 북적였다. 두 명이 앉아야 할 의자에 서넛이 끼어 앉았고 팔걸이에까지 사람들이 올라타 있었다. 비좁은 통로마저 사람들이 눌러앉아 한번 기차에 오르면 빠져나가기 어려울 정도였다.

해방은 됐지만 오히려 알 수 없는 불안감이 석에게 스며들었다. 옴짝달싹할 수 없는 지금의 처지가 앞으로도 계속되면 어쩌나 하는 염려였다. 마치 거대한 물결에 휩쓸려 아무리 헤엄쳐도 빠져나올 수 없는 급류로 치닫는 느낌이었다.

마침내 석은 고향 정주에 도착했다. 일본 유학, 경성, 함흥, 그리고 만주까지. 석은 스무 살 언저리에 고향을 떠난 뒤, 잠시 들르기는 했어도 고향에 살기로 작정한 적은 없었다. 이제는 소란한 세상과 담쌓고 부끄러움을 달래며 조용히 살고 싶은 심정이었다. 언젠가 마음이 편해지면, 동네 아이들을 불러 모아 시 쓰기를 가르치며 살아 볼 수 있겠지.

부모님은 맏아들의 귀환이 즐겁기만 했다. 소신을 지키느라 만주에서 고생하며 신산스럽게 사는 것이 늘 안타까웠는데, 이제 한곳에 어울려 산다니 기쁘지 않을 수 없었다. 조만간 짝을 찾아 혼인시키면 아들의 방랑벽도 곧 사라지지 않을까 기대를 하고 있었다. 부모님은 어서 빨리 맏아들이 결혼도 하고 애도 낳아 자기 가족을 꾸리길 간절히 바랐다.

평온한 날은 그리 오래 가지 않았다.

"석아, 누가 찾아왔다. 나와 봐라."

"네? 찾아올 사람이 없는데."

석은 읽던 책을 덮었다. 혹시 허준이 찾아온 것은 아닌가 생각했다. 준의 고향도 정주 땅에서 가까워 고향 가는 길에 잠시 들를 수도 있겠다는 생각이 들었다.

마당에는 큰 키의 낯선 사내가 서 있었다.

"누구신지요?"

"백석 시인이시죠?"

"네. 그런데요."

"조만식 선생님 심부름으로 왔습니다. 선생님께서 백석 시인께 부탁드릴 일이 있으시다고 해서요."

조만식. 그는 조선의 간디라고 불리는 대표적인 독립 운동가였다. 조선 물산 장려회를 조직해서 식민지 조선의 자립 경제에 힘을 보태고, 여러 갈래로 나뉜 민족 운동을 통합하기 위해 신간회를 조직하고, 무저항 민족주의 운동을 펼친 것이 그의 대표적인 행보였다.

조만식은 백석의 가족들과 인연이 깊었다. 백석이 오산고보를 다닐 때, 교사이자 교장이 바로 조만식 선생이었기 때문이다.

"선생님께서 백석 시인을 꼭 만나고 싶어 하십니다."

"네? 선생님께서요?"

"네. 러시아어 통역을 맡아 주실 분을 찾아야 하는데, 주위에서 백석 시인 만한 분이 없다고들 하시더군요."

석은 조만식이라는 말에 반가움 반, 두려움 반 마음에 갈등이 일었다.

"석아, 조만식 선생님이 하는 일이라면 도와드려야 하지 않겠냐?"

어머니가 부엌에서 나오며 한마디를 하신다. 어머니는 조만식 선생을 누구보다 잘 기억하고 있었다. 오산고보에 기숙사가 없던 시절, 그는 학교 근처에서 하숙을 옮겨 다녔는데, 그중 한 곳이 백석의 집이었다. 그 시절 조만식 선생은 백석 어머니의 정갈한 음식이며, 청결한 집 안 관리에 칭찬을 아끼지 않으셨다.

사내는 어머니의 말에 힘을 얻었는지 말을 이었다.

"지금 평양에 소련군이 와 있습니다. 새로운 정부가 만들어지기 전까지 임시로 통치를 한다는데, 조만식 선생께서 그들과 협상을 하고 계시지요. 그런데 러시아 말을 제대로 할 줄 아는 사람이 없어서 애를 먹고 있어요. 그래서 이렇게 불쑥 찾아왔습니다. 백석 시인이 러시아어를 잘하신다고."

"저야 소설 읽고 번역이나 할 줄 알지 정치는 하나도 모르는걸요."

"그 점이 가장 훌륭하다고 그러시더군요. 자기 정치를 하지 않는 사람이라고. 괜히 자기 정치를 하는 사람이라면, 뜻을 왜곡할 수도 있으니 정치적인 욕심이 없는 분이 통역을 맡길 원하셨거든요."

"석아, 웬만하면 가서 도와드려라. 다른 분도 아니고 조만식 선생이시잖아. 네 은사님인데 도와드려야 하지 않겠어. 마침 잘됐다. 네 짝으로 정해 둔 사람도 지금 평양에 있다더라."

"아버지. 전 결혼할 생각은……."

"이보시오. 아들놈이 이렇다오. 아들 데리고 가는 대신 그곳에서 꼭 처자를 만나게 해 주시오. 그래야 내가 보람이 있지."

"네? 네. 제가 책임지고 만나게 해드리지요."

사내는 얼떨결에 대답을 한다. 석은 얼굴이 붉어졌다. 그러나 더는 아버지께 맞설 수가 없었다. 그간 혼인으로 부모님 속을 끓였던 게 한두 번이 아니라서 석으로서도 무척 죄송스러웠기 때문이다.

조만식 선생님. 석은 오산고보 시절을 떠올렸다.

조만식 교장은 강직한 분이었다. 조선이 일본으로부터 벗어나는 길은 거창한 방법에 있는 게 아니라 스스로 자립할 힘을 기르는 데에 있다고 하면서 각자가 책임 있는 삶을 살아야 한다고 늘 가르치셨다. 생활과 생각 속에서, 작은 습관 속에서, 남에게 기대지 않고 스스로 문제를 해결하는 게, 스스로를 세우는 길이며, 그런 자립심이 널리 퍼질수록 조선의 독립도 다가올 거라는 이야기를 힘주어 말씀하시곤 했었다.

석은 선생의 가르침 대로 생활 속에서 자신을 떳떳이 세우려 노력했다. 일본 유학을 가고, 신문사에서 기자로 일하고, 시를 발표하고, 문학을 공부하면서 늘 자기를 세우려고 노력했다. 전통에 기대지 않고, 권위에 기대지 않고, 새롭고 자율적인 것, 스스로 책임 있는 삶을 사는 것, 그것이 석이 추구하던 모던이었고, 독립이었다. 그리고 그 시작은 조만식 교장이 가르치던 오산

고보 시절부터였다.

"젊은 양반이 고생이 많소. 아들놈이 따라나설 것이오. 오늘은 늦었으니까 하룻밤 묵으시고 내일 날 밝으면 평양으로 떠나시오."

늙으신 아버지가 점잖은 어조로 말했다. 석은 더 이상 사내의 부탁을 거절하기 어려웠다. 그가 살아온 세월은 어찌 보면 오산 고보 시절 조만식 선생이 뿌린 씨앗 덕분이었고, 그런 분의 요청을 외면하기는 어려웠다.

그날 밤 젊은 사내는 석과 하루를 보냈다. 젊은 사내는 정치에 굉장히 관심이 높았다.

"선생님. 지금 평양 분위기가 이상해지고 있습니다."

"무슨 소리인가요?"

"소련의 붉은 군대가 해방군이 아니라 꼭 점령군 같은 짓을 하고 있다는 말씀입니다."

"네?"

"지휘부가 그렇지는 않지만, 말단 병사들 단속이 잘 안 되는 모양인지, 부녀자를 겁탈하고 민가에 무단 침입해서 약탈을 일삼는 군인들이 있다고 하더군요. 일제 때도 없던 일을 소련군이 들어와 벌인다며 기겁을 하고 있지요."

"그런 일이?"

"소련군만 그런 건 아닙니다. 폭도들이 일제 때 잘살던 사람들을 공격하는 일이 종종 벌어지고 있어요. 친일 부역자들을 그냥 둘 수는 없지만 처벌을 하더라도 원칙을 세워야 하는데, 돈 있고 땅 있으면 무조건 친일로 몰아서 공격하는 일이 벌어지고 있다니까요. 정주 땅은 시골이라 조용하겠지만 평양은 질서가 사라진 것 같아요. 질서를 세워야 할 소련군까지 폭행과 약탈에 가담하고 있으니까요. "

"어쩌다 그런 일이……."

"조만식 선생께서도 소련군이 해방군이 아니라 점령군일 수 있다면서 잔뜩 경계를 하고 계시지요. 일본이 허수아비 만주국을 세운 것처럼 소련이 조선 땅에 자기들 허수아비 정부를 만들려는 것은 아닌지 걱정이 크십니다."

"설마 그럴 리가요."

"아닙니다. 소련군이 자기들 앞잡이로 데려온 자들이 있거든요. 지금은 조만식 선생에 대한 민중의 지지가 높아서 눈치를 보고 있지만, 조만간 자기들 입맛에 맞는 다른 카드를 내세울 지도 몰라요."

"다른 카드라니요? 무슨?"

"혹시 김일성이라고 들어 보셨나요?"

"네? 누군지?"

"보천보 전투로 유명한 사람입니다. 그자가 평양에 와 있어요. 소련군 제복을 입고 말이죠. 소련이 그자를 그냥 데려오지는 않았겠죠."

"소련 측 인사라면 사회주의자겠군요."

"맞아요. 그런데 너무 젊더라고요. 나이가 선생님이랑 비슷할 것 같은데요. 우리 측 사람들은 소련이 물정 모르는 젊은 친구를 허수아비로 앞세운 건 아닌지 걱정하고 있습니다."

"그러게요. 사회주의자라면 인지도가 높은 다른 사람도 많을 텐데."

"소련 측에서는 자기 말을 잘 따라 줄 사람이 필요하지 자기 정치를 하려는 사람은 부담스러울 겁니다. 박헌영 같은 인물을 소련이 일부러 외면한다는 말도 있어요."

"조만식 선생님은 사회주의자도 아닌데, 소련군이 좋게 볼 리 없겠네요."

"네. 맞아요. 하지만 사람들에게 가장 신망이 두텁고, 지역 내 인사들이 조만식 선생님의 말을 잘 따르니 소련군도 무시를 못 하는 거죠."

"내가 평양에 가면 도움이 될까요?"

"그럼요. 반드시 조만식 선생님을 도와주서야 합니다. 아무래

도 김일성 그자가 위험해요. 그 사람 겉으로는 호탕한 사람 같
지만 속으로는 음흉한 욕심을 부리는 것 같거든요. 곧 만나게 될
텐데 각별히 조심해야 할 겁니다."

정치적 소용돌이가 휘몰아치는 평양

1945년. 10월 14일. 평양.

을밀대 공설 운동장에는 7만여 군중이 대규모 집회를 열고 있었다. 소련군이 마련한 '조선 해방 축하 집회'였다.

단상에는 소련군 장교들과 두루마리를 입은 한 노인, 그리고 검은색 양복을 입은 한 젊은 사내가 서 있었다. 자리가 정돈되자 두루마리를 입은 노인이 단상 앞으로 나섰다. 나이는 들었으나 눈빛은 온갖 역경을 딛고 선 사람처럼 강렬했다. 그가 조만식 선생이었다. 그는 의례적인 인사를 몇 마디 청중에게 건넨 뒤, 양복장이 청년을 앞으로 나오라고 손짓했다. 사내는 턱을 위로 치켜든 채 거만하고 신경질적인 표정으로 조만식 선생 옆에 나란히 섰다.

"사랑하는 동포 여러분! 오늘은 특별한 분을 소개하겠습니다.

항일 투쟁의 영웅 김일성 동지입니다."

조만식 선생은 김일성을 소개했다. 7만여 군중들은 김일성이라는 말에 탄성을 질렀다. 그만큼 김일성은 북쪽 사람들에게 항일 투쟁의 영웅으로서 익숙한 이름이었다. 하지만 눈치 빠른 사람은 조만식 선생의 말투에 어쩐지 평소와 달리 힘이 빠져 있다는 것을 느끼고 있었다. 대중을 집중시키는 특유의 화법이 아닌, 밋밋하고 건조한 말투였기 때문이었다.

환호의 순간은 길지 않았다. 오히려 짧은 환호 뒤에 여기저기 수군거리는 소리가 들렸다.

"저 사람이 진짜 김일성이 맞나? 저렇게 젊은 사람이었나?"

"에이, 아닌 것 같은데. 저렇게 시퍼렇게 젊은 사람이 독립군 대장일 리 있겠어?"

"그래도 조만식 선생이 소개한 걸 보면, 맞는 거 아냐?"

김일성은 짧은 환호 뒤에 혼란스러워하는 군중을 바라보며 다소 불편한 마음이 들었는지 신경질적인 말투로 자기소개했다.

"이제 새 시대가 열렸으니 한마음 한뜻으로 새로운 조국을 건설하는데 박차를 가합시다. 친일도 청산하고, 토지도 개혁하고, 산업 구조도 바꿔서 노동자, 농민이 잘사는 세상을 만듭시다."

사람들의 박수 소리가 쏟아졌다. 하지만 개중에는 고개를 갸웃하며 억지 박수를 치는 사람도 적지 않았다. 그들은 소련군 장교들이 젊은 김일성을 깍듯하게 대하는 것이 어쩐지 못마땅했다. 게다가 노동자, 농민이 잘사는 세상이라는 말에 적잖이 소외감을 느꼈다. 그들은 대개 일제 때 말단 공무원으로 일했거나 지주, 혹은 자산가로 살던 이들이었다.

　백석도 그 자리에 있었다. 석은 조만식 선생의 부름에 평양으로 이사를 왔고 조만식 선생이 있는 곳이라면 항상 동행해서 통역을 맡았다. 선생 곁에는 그의 비서 오영진도 함께 했다. 오영진은 조만식 선생의 최측근 오윤선 장로의 아들로 희곡을 쓰는 극작가였다. 나이는 백석보다 네 살 어렸지만 정치에 관심이 높아 얼마 전 조만식 선생이 창당한 조선 민주당의 중앙 상임 위원으로 활동하고 있었다. 백석을 평양까지 데리고 온 사람도 바로 오영진이었다.

　"선배님 보기에는 어때요?"

　행사를 마치고 뒤풀이도 끝나 갈 무렵이었다. 석이 식당을 빠져나와 마당에서 바람을 쐬고 있는데 어느새 뒤따라 나왔는지 오영진이 대뜸 질문을 던졌다.

　"뭘 말인가요?"

　"김일성, 저 사람 어떠냐는 말씀입니다."

　"저는 정치는 잘 몰라서요."

석은 영진이 자기보다 어렸지만 정치인으로 활약하는 만큼 섣불리 말을 놓을 수가 없었다. 그만큼 오영진은 성숙한 데가 있었다.

 "역시 선배님답군요. 정치에 뜻이 없다고 했었죠? 그런데 저 사람, 지나치게 극단적입니다. 소작료 건만 해도 그래요, 농민 부담을 줄여 주는 건 좋은데, 지주에게 일방적으로 희생을 강요하는 건 너무하죠. 아무리 노동자, 농민을 위한다지만 지주나 자산가들에게 지나치게 적대적이란 말이에요. 이러다가 항간에 떠도는 말처럼 토지 개혁도 무상몰수 무상분배가 되는 건 아닌지 모르겠어요. 공산주의가 무섭다더니 허튼 말이 아니었습니다."

 "무상몰수 무상분배요? 그게 가능할까요?"

 "저 사람이 주장하는 게 그런 거 아닙니까? 물론 친일 지주나 자산가들은 청산을 해야겠죠. 하지만 그렇다고 선량한 지주나 자산가까지 몰아붙이면 쓰나요. 흉년 때 소작료 한 푼도 안 받은 선량한 지주도 많은데요. 그런 사람들까지 싸잡아 비난하는 건 옳지 않잖아요? 김일성, 저 사람 아무래도 위험해요."

 "조만식 선생님께서 대중들에게 신망이 두터우시니 무슨 일이 있겠습니까? 얼마 전 소련군도 민간 자치 위원회를 맡기려고 했었다는데."

 "그러게요. 그때 조 선생님이 못 이기는 척 위원장을 맡으셨으면 좋으련만. 선생님은 행여라도 소련군에게 이용당할까 봐 늘 경계하시거든요. 하지만 제 생각에는 거꾸로 조 선생님이 소련 군을 이용하시는 게 좋을 것 같아요. 지금은 소련군 세상이니 선생님도 조금씩 타협하는 게 낫죠. 너무 강직해서 타협을 모르시니 걱정입니다. 소련은 조 선생님을 눈엣가시처럼 여기고 있어요. 빌미만 생기면 끌어내리려고 할 텐데 걱정입니다.”

“별일 있으려고요.”

“별일 없어야죠. 조 선생님이 창당한 조선 민주당이 대중들에게 지지를 받고 있으니 선거만 제대로 치르면 민주 정부가 생길 겁니다. 한 가지 걱정이 스탈린이 김일성을 북한 지도자로 점찍었다는 소문이 돈다는 겁니다. 김일성이 평양에 들어오기 전에 스탈린과 독대했다는 소문도 돌고, 소련 장교들이 김일성을 깍듯하게 대하는 것도 마음에 걸려요.”

오영진은 밤하늘을 올려다보며 한숨을 쉬더니 다시 말을 이었다.

“제길. 해방되면 세상 좋아질 줄 알았더니 다시 살얼음판을 걷는 형국이니. 참 걱정입니다. 선배님은 앞으로 어쩔 생각이십니까?”

“나요? 나는 조만식 선생님 도와드리는 일 끝나면 고향으로 내려가야죠. 그곳에서 글 쓰면서 조용히 지내려고요.”

“선배님도. 좋은 재주를 맘껏 뽐내셔야죠. 시골에서 썩어서 되겠습니까? 조선에서 가장 알아주는 시인이. 조만간 문학 분야에도 위원회가 생길 텐데 시문학 분야에서 위원장을 맡아야 하지 않겠어요?"

"저는 정치는 할 생각이……."

"선배님이 가만 계셔도 조만간 일을 맡길 겁니다. 능력 있는 작가를 그냥 둘 리는 없죠. 하기는 이곳이 원체 어수선해서 어떻게 될지 아무도 모르지만."

두 사람은 잠시 말이 없었다. 그러다 오영진은 갑자기 어떤 생각이 떠올랐는지 백석 앞으로 성큼 다가섰다. 그러더니 귀엣말로 속삭였다.

"기회 닿는 대로 조만식 선생님 모시고 서울로 내려갑시다. 이곳은 아무래도……."

평양의 정세는 급박하게 돌아갔다. 조만식 선생은 소련군과 사사건건 의견이 맞지 않았다. 그는 온건한 개혁을 요구했지만 소련군과 김일성은 급진적이었다. 친일 청산의 방법, 소작료와 토지 개혁 문제, 중소 산업 육성 문제 등 사사건건 부딪치는 일이 많았다. 그사이 일이 잘못 돌아가고 있다고 여긴 지주와 자산가들은 재산을 정리해서 평양을 빠져나가고 있었다. 정치인 중에도 분위기가 험악하게 돌아가는 걸 느낀 사람들은 주저 없이 서울행을 선택했다.

그런 사이 평북 용천군에서 사건이 발생했다. 11월 16일. 기독교 사회당 주최로 소련군의 약탈과 폭력 행위를 규탄하는 시위가 열렸는데, 이를 소련군이 진압하면서 사람들이 죽고 다치는 일이 벌어진 것이었다. 이에 격분한 신의주 학생들은 11월 23일 "공산당을 몰아내자, 소련군은 물러가라."는 구호를 외치며 대규모 시가행진을 벌였다. 시위는 삽시간에 인근 지역에 퍼져 5000여 명으로 늘어났고 몇몇 성난 군중은 공산당 건물을 습격해서 불태우고 말았다.

소련군은 강경 진압을 선택했다. 그들은 시위대를 향해 기관총을 발포했고 이에 수십여 명의 사망자, 수백여 명 중상자가 속출하는 일이 벌어졌다. 이른바 신의주 학생 의거가 일어난 것이다.

조만식 선생은 소련군의 과잉 진압에 대해 강력히 항의하고 책임자 처벌과 진정한 사과를 요구했다. 하지만 소련은 이에 응하지 않았고 그 대신 함석헌, 한경직 등 시위 주동자들을 색출하여 가혹하게 처벌했다. 그러면서 한편으로 조만식 선생을 회유하려고 그 시기 찬반양론으로 갈린 신탁 통치에 찬성만 해 주면 초대 대통령을 만들어 주겠다는 등 엉뚱한 제안을 해 왔다. 그러나 조만식은 자신이 정치적으로 이용당할 걸 우려하며 끝내 소련 측 제안을 거부했다.

이런 일련의 일들로 조만식 선생을 지지하던 지주와 자산가들, 그리고 정치인들이 서둘러 남으로 내려갔고, 상당수 자유주의자들은 반소, 반공 혐의로 검거되고 말았다. 조만식 선생을 지지하던 정치적 기반이 뿌리째 흔들리고 있었다.

김일성의 행보는 조만식 선생과 달랐다. 그는 소련군의 지시에 따라 진압 지역을 방문해서 강연회를 개최하는 등 분위기를 진정시켰고 신탁 통치에도 찬성하면서 소련 당국으로부터 더욱 신뢰를 얻고 있었다.

쾅쾅쾅쾅!

"누구시오?"

"조만식 선생 안에 계십니까?"

"밤늦게 누구시오? 낮에 찾아오시오. 조 선생님은 자리에 안 계시오."

선생의 비서 오영진이 문밖에 사람들을 엄히 꾸짖듯이 말했다. 백석과 그의 아내는 놀라서 아무 말도 못 하고 있었다. 백석은 얼마 전 열네 살 연하인 리윤희와 혼인을 했다. 자야를 다시 만날 기약은 없고 맏아들로서 혼자 지내는 게 부모님께 죄송하여 마침내 치른 결혼이었다. 신부는 백석이 첫 번째 혼인도 아니고 이전에 여자가 있었다는 걸 알고 있었지만 집안 어른들 의견에 따라 묵묵히 백석을 따랐다. 이날 백석은 아내를 데리고 조만식 선생 댁에 처음으로 인사를 하러 왔다.

밖에서 또다시 큰 소리로 조만식 선생을 찾는 목소리가 들렸다.

"거기 계신 거 다 알고 왔소? 조 선생님을 만나게 해 주시오."

"못 들었소? 여기 안 계신다고 하지 않았소."

오영진은 다시 묵직한 목소리로 응대했다. 상대는 아무 대답이 없었다. 그리고 이내 문으로부터 멀어지는 발걸음 소리가 들렸다. 하지만 그도 잠시, 여러 명의 구둣발 소리가 들려오더니 갑자기 손잡이를 내리치는 소리가 들렸다. 이내 문이 열리고 말았다.

"아니, 이게 무슨 짓이오?"

"그러게 얌전히 문을 열어 주면 좀 좋소? 선생은 어디 계시오?"

십여 명의 보안대 청년들이 출입문으로 들이닥쳤다.

"선생은 무슨, 민족 반역자를!"

험상궂게 생긴 한 사내가 눈을 부라리며 오영진을 밀치더니 조만식 선생을 찾았다. 그러자 보안대 대표인 듯한 사내가 나섰다.

"거, 말 함부로 하지 말게. 무례하게 굴지 말라고! 김일성 당비서께서 조용히 모셔 오라고 하지 않았나. 뜻은 다르지만 민족을 위해서 일하셨던 분일세."

"아니, 조선을 미제국주의한테 갖다 바치려는 자가 무슨 선생이오?"

"그만 경거망동하래도!"

사내는 여전히 씩씩거렸지만 대표인 듯한 사람의 기세에 눌려 더는 험한 말을 하지 않았다. 오영진은 일어서서 맞서 보려 했지만 보안대 청년들에게 이내 제압되고 말았다. 백석은 어안이 벙벙한 채 아내와 함께 한 편에 서 있을 뿐이었다.

마침내 사내들은 안방에 있던 조만식 선생을 데리고 나왔다.

"선생님!"

오영진이 조만식 선생을 향해 분하고 애절하게 소리쳤다. 오영진을 바라보는 조 선생의 표정은 담담했다. 그의 얼굴은 평소나 다름없이 온화해 보였고 침착함을 잃지 않았다. 조 선생을 데리러 온 보안대 청년들도 조 선생의 의연함에 눌려 예의를 갖췄다. 그들 중 대표격인 사내가 입을 열었다.

"선생님! 저희랑 함께 가서야 되겠습니다. 김일성 당비서께서 불편함 없게 모셔 오라고 하셨습니다."

"선생님. 가시면 안 됩니다!"

오영진은 조 선생을 향해 소리쳤다. 백석도 뭔가 심각하게 잘

못되어 가는 걸 느꼈다. 그러자 또다시 대표격인 사내가 말했다.

"염려 마시오. 고려 호텔로 모서 갈 것이니. 그곳에서 우리가 정중히 모시도록 하겠소."

사내는 조만식 선생을 향해 깍듯하게 인사를 했다. 조만식 선생은 자신이 연금될 것을 예감한 듯 더 이상 소란 피우지 말 것을 지시한 후, 보안대가 마련한 차량에 올랐다.

"다 틀렸어! 다 틀렸다고!"

오영진이 떠나는 차량을 우두커니 바라보다 힘없이 털썩 주저 앉으며 하늘을 향해 울부짖었다. 뒤따라 나온 백석은 오영진의 어깨를 두드리며 그를 진정시키려 했다.

"별일 없을 겁니다. 조만식 선생을 따르는 사람이 얼마나 많은데요."

"아니요. 이젠 다 틀렸습니다. 선생님을 친일파에 미제 스파이로 몰아갈 텐데요. 여론은 금방 돌아설 겁니다. 그리고 놈들이 선생님을 가만두겠습니까? 곧 우리도 잡아 가둘 겁니다. 이젠 진짜 남으로 내려가는 길밖에 안 남았다고요!"

백석은 머리가 혼란스러웠다.

'남으로? 서울로?'

"선배님, 이제 북쪽은 곧 김일성 일당 독재 시대가 올 겁니다. 그 사람이 따르는 사람이 누굽니까? 소련의 스탈린 아닌가요?

김일성도 스탈린처럼 한 명씩 한 명씩 반대파를 제거할 겁니다. 조만식 선생이 첫 번째고, 이제 김원봉도, 심지어 박헌영도 다 제거할 겁니다."

오영진은 백석의 옷깃을 잡고 반쯤 흐느끼며 소리를 질렀다.

"선배님! 저랑 같이 남으로 갑시다! 이곳에 있다가는 곧 화를 당할 겁니다. 네? 네?"

석은 머릿속이 복잡했다. 남으로 내려간다? 석은 자기 곁에 서 있는 아내를 돌아봤다. 나이 어린 아내는 어쩔 줄 모른 채 발만 동동 구르고 있다. 가족을 버리고 남으로 간다? 아니다. 평양과 서울이 뭐가 다른가? 허준이 보내 온 소식에 따르면, 연일 시위가 일어나고, 연일 폭력 사태가 벌어지고, 연일 정치적인 갈등이 있는 건 평양이나 서울이 다르지 않다. 북쪽에는 고향이 있고, 가족이 있고, 늙으신 부모가 있고, 침묵하며 살아갈 자유가 있다. 남쪽에는? 남쪽에는 허준이 있고, 정현웅이 있고, 추억의 바다 통영이 있고, 사랑하는 자야가 있다.

석은 머리를 가로저었다.

"저는 이곳에 남을 겁니다. 조 선생님은 곧 풀려나겠지요. 북쪽에도 누군가는 남아 있어야 나중에라도 조 선생님을 도울 거 아닙니까?"

오영진은 백석의 말에 오랫동안 그를 그윽히 바라봤다.

"각별히 조심해야 합니다. 함부로 나서지 마시고요. 차라리 당분간 조용히 시골에 내려가서 지내는 게 좋을 겁니다. 선배님이 조만식 선생 통역이었다는 건 다들 알고 있으니 당장은 아니더라도 가만 놔두지 않을 겁니다. 일단 숨어 계세요. 그래야 합니다."

"내 걱정은 말아요. 오히려 오 작가님이 더 조심하세요."

조만식 선생이 고려 호텔에 연금된 후 북쪽의 정세는 급격히 김일성에게 기울기 시작했다. 김일성은 1946년 2월 북조선 임시 인민 위원회의 위원장에 올랐고, 그해 4월 북조선 공산당을 만든 뒤, 8월에는 북조선 노동당으로 당명을 바꾸고 스스로 위원장을 맡았다. 오영진을 비롯한 우익 측 인사들이 상당수 남으로 내려왔지만, 조만식 선생은 숱한 설득에도 북 측에 남았다. 백석 역시 끝내 서울행을 택하지 않았다.

웅향! 작가는 사상 검열을 피할 수 없다

조만식 선생이 고려 호텔에 연금되고 한 달쯤 지난 어느 날이었다.

"여기가 백석 시인 댁입니까?"

"……."

낯선 중년 사내의 목소리가 문밖에서 들렸다. 아내는 행여 남편을 붙잡으러 온 사람인 줄 알고 아무 대답을 하지 않았다. 백석은 지난밤 잠을 설친 탓에 안방에서 눈을 붙이고 있었다.

"이보시오, 백석! 백석 군, 아니 계시오?"

"……."

문을 두드리는 소리가 조금 더 커졌고 목소리에도 힘이 들어갔다. 아내는 겁에 질려 어쩔 줄을 몰랐다.

"백석! 백석! 나, 한설야요. 한설야!"

아내는 여전히 문 앞에서 벌벌 떨고 있었다. 이즈음 평양 시내에는 괴소문이 돌고 있었다. 미국에 협조한다고 알려진 사람들이 쥐도 새도 모르게 보안대로 끌려간다는 소문이었다. 아내는 백석이 조만식 선생의 통역을 맡았던 까닭에 행여 남편이 붙들릴까 좌불안석이었다.

어느새 일어났는지 백석은 떨고 있는 아내를 진정시켰다. 진짜 한설야라면 불안할 이유가 없었다.

"백석! 백석! 나, 한설야요! 함흥에서 온 한설야!"

백석은 다시 한번 자기를 부르는 소리를 주의 깊게 들었다. 정녕 한설야의 목소리가 맞았다.

백석은 문을 열었다. 진짜 한설야였다. 함흥 시절 김동명과 함께 종종 만나 술잔을 기울였던 사회주의 작가 한설야. 언젠가 그의 딸이 괴한에게 습격을 당했을 때, 백석이 그를 위로하는 글을 〈조광〉에 발표하기도 했었다. 이 일로 한설야는 두고두고 백석에게 고마워했다.

"아니, 선배님 아니십니까?"

"반갑소. 오랜만이구려. 그러니까 함흥을 떠난 뒤로 못 봤으니 벌써 8년 세월이 흘렀구려."

"시간이 그렇게 됐나요? 하나도 안 변하셨네요."

"나야 나이를 먹었지. 석 시인이 변한 데가 없구려."

"정말 너무 반갑습니다. 함흥에 김동명 선배님도 잘 계시지요?"

"잘 있소. 해방 뒤에 흥남 중학교 교장이 되었지. 지금 조선 민주당 당무 위원으로 일하고 있어요. 나랑은 다른 길을 가고 있지."

"선배님. 어떻게 평양까지?"

"응. 인민 위원회 함경도 대표로 평양에 회의를 하러 왔어요. 그러다 우연히 백석 시인 소식을 들었지. 반갑기도 하고 놀랍기도 해서 함흥에 내려가기 전에 꼭 한 번 만나 보고 싶어서 수소문 해 봤소."

두 사람은 방 안으로 향했다. 백석은 혹시 몰라 문밖을 둘러봤다. 석은 요즘 누군가 뒤쫓고 있다는 생각에 마음을 놓을 수가 없었다. 실제 조만식 선생이 연금된 후, 자유주의 색채를 띤 정치인들은 반공 시위를 주도했다는 혐의로 체포되는 일이 적지 않았고 이를 피하려는 정치인들은 서울행을 택하는 경우가 많았다. 조만식의 비서, 오영진 역시 얼마 전 남으로 내려갔다.

백석과 한설야, 두 사람은 일제의 마지막 몇 해를 어떻게 지냈는지 서로 이야기를 주고받았다. 백석은 만주 체험을, 한설야는 항일 비밀 결사를 조직하려다 옥고를 치렀던 이야기를 꺼냈다. 백석의 혼인 이야기도 나왔다. 한설야는 백석이 한때 혼인했던

227

일과 자야를 알고 있던 터라 또다시 부인이 바뀐 거냐고, 너무 자주 아내를 바꾸는 건 아니냐고 너스레를 떨기도 했다. 석은 이번이 마지막 아내가 틀림없으니 자신을 믿고 아내에게 아무 말 말아 달라고 사정했다. 한참을 옛이야기로 꽃을 피우던 한설야는 갑자기 목소리를 낮춰 말하기 시작했다.

"저기, 사람들 이야기를 듣다 보니, 조만식 선생 통역을 맡았었다고? 그럼 김일성도 만난 적이 있는 거요?"

"네. 식사 자리에서 몇 차례 본 적 있죠."

"그럼 김일성도 백석 시인을 알겠구려. 조 선생 사람이라는 것도 알 테고."

"네. 그럴 겁니다. 혹시 조 선생님 소식은 알고 계신가요?"

"아이고, 이런. 지금 조만식 걱정할 때요?"

"네?"

"내 말 서운하게 듣지 말고 잘 들어요. 지금 북쪽은 김일성 세상으로 바뀌어 가고 있어요. 어제 끝난 임시 인민 위원회 위원장이 누군지 알아요? 김일성이에요. 김일성. 소련이 북쪽 지도자로 낙점한 것도 김일성이고 말이오."

"네. 그럴 것 같았어요. 그럼 조 선생님은 괜찮으시답니까? 연금되신 지 한 달이 넘었는데."

"나 원 참, 조만식을 걱정할 때가 아니라니까. 어차피 언젠가 제거될 텐데. 내 말 잘 들어요. 석 시인! 지금부터 그냥 조용히 쥐 죽은 듯이 아무 활동도 하지 말고 지내시오. 글도 쓰지 말고, 발표는 더더욱 안 되오. 이런저런 단체에 나서지 말고. 잘못 나 섰다가 미제 스파이 취급당하기 딱 좋소! 알았소?"

백석은 대답을 하지 못한 채 놀란 사람처럼 두 눈을 동그랗게 뜰 뿐이었다. 한설야는 또다시 말을 이었다.

"실은 이 말을 전해 주려고 온 거요. 응? 사정이 나아지면 내가 적당한 자리를 알아보겠소. 알았지? 나는 당신을 잊지 않았소. 당신이 나와 내 딸에게 베푼 호의를 어찌 잊을 수가 있겠소. 게 다가 이념은 다르지만 백석, 당신은 뛰어난 시인이 아니오? 그러 니 당장은 어렵더라도 견디시오. 언젠가 좋은 날이 올 테니 인내 심을 가집시다. 응?"

"선배님. 그럼 글은 영 못 쓰는 겁니까?"

"그렇지 않대도. 일단 기다려요."

"세상이 참 무섭습니다. 어떻게 일제 때보다 더 무서운 세상이 된 겁니까?"

"우리 뜻대로 되는 일이 얼마나 있겠소? 그나저나 명심하시 오. 김일성, 그자. 무서운 사람입니다. 아마 김두봉이고, 박헌영 이고 모두 그자가 끝장낼 거요. 언젠가 소련도 그자를 선택한 걸 후회하겠지. 하지만 지금 당장은 그자와 손을 잡을 수밖에 없어요. 나는 당분간 김일성 편에서 일하게 될 거요. 그래야 살아남고 그래야 훗날을 기약하지."

"그럼 북쪽에 사회주의 정부가 들어서는 건가요?"

"그렇지. 그러니 석 시인이 북쪽에 남으려면 자유주의자로 살아서는 안 되오. 진짜 사회주의자는 아니더라도 사회주의를 따르는 모습은 보여 줘야 해요."

"사회주의요?"

"나도 알아요. 석 시인이 이념이나 정치에 관심이 없다는 걸."

한설야는 석을 한동안 말없이 바라보다 낯빛을 바꾸며 은밀한 목소리로 말했다.

"혹시 남으로 내려갈 거요? 함흥의 김동명은 남으로 내려간다고 들었소. 그 사람은 너무 깊이 정치에 개입해서 북에서 견디기 어려우니까. 혹시 남으로 내려갈 생각이오?"

'남으로?'

석은 대답하지 못했다.

"남으로 내려간다면 내가 알아봐 주겠소. 그런데 남쪽도 북쪽만큼이나 혼란스러울 거요. 그곳도 유혈 충돌도 많고, 암살이나 테러도 일상적으로 일어난다더군. 송진우도 암살당했다지. 거긴 아마 미국을 등에 업은 이승만이 권력을 잡겠지."

남으로? 백석은 남으로 내려가는 걸 또다시 생각했다. 하지만 서울이나 평양이나 혼란스럽기는 마찬가지다. 게다가 얼마 전부터 아내가 입덧 중인데? 백석은 머리를 가로저었다.

"저는 굳이 월남할 생각은 없습니다."

"잘 생각했어요."

한설야는 고개를 끄덕이더니 다시 말을 이었다.

"다시 말하지만 시를 발표해서는 안 되오. 알았지요?"

"네? 그럼 뭘……."

"일단 내가 연락할 때까지 소설을 읽으면서 푹 쉬어요. 훗날을 기약합시다. 러시아 소설을 읽어 봐도 좋겠군. 아무튼 기다리시오. 이건 부탁이오. 몇 안 되는 좋은 벗을 잃기는 싫소. 지금은 인내심이 필요할 때요."

한설야는 백석을 만난 후 곧바로 함흥으로 떠났다. 하지만 그는 곧 평양으로 돌아올 거라고 말했다. 작가 동맹을 이끌게 될 것 같으니 자리를 잡으면 백석도 활동하게 해 주겠노라고 약속했다.

이날 이후 백석은 바깥출입을 금했다. 하지만 집에 있으면서 그저 책만 읽을 수는 없었다. 그는 두문불출하며 시를 썼다. 석은 생각했다. 북에서 발표하지 못하면 남쪽에 작품을 보내서 다만 몇 편이라도 잡지에 실리면 된다. 허준이 남에서 활동하고 있지 않나.

석은 해방 후 북에서 그간 써 왔던 몇 편의 시를 골라 비밀스럽게 준에게로 보냈다. 늘 그랬듯 봉투를 이중으로 만들어 행여 누군가 가로채더라도 눈에 잘 안 띄도록 조치를 해 두었다.

한 달 뒤, 허준에게 답장이 왔다. 남쪽 잡지에 시를 실을 수 있다는 소식이었다. 더욱 반가운 건 남쪽 출판사에서 석의 시집을 내겠노라고 제의했다는 사실이었다.

북쪽의 상황은 하루가 다르게 달라졌다. 김일성의 주장대로 무상몰수 무상분배의 원칙으로 토지 개혁이 단행되었고, 김일성은 아무도 넘볼 수 없는 실질적인 일인자가 되었다.

한설야는 그의 말처럼 김일성의 편에 섰다. 그는 교육국장이 되었고, 최고 인민 회의 대의원에 올랐으며, 조선 작가 동맹 위원장을 맡는 등 북한에서 강력한 권력을 누리기 시작했다.

한동안 들끓던 신탁 통치 논란도 수그러들기 시작했다. 하지만 그보다 더한 이야기가 사람들 사이에 떠돌기 시작했다. 북쪽과 남쪽이 각각 정부를 구성한다는 소문이었다. 북쪽의 인민 위원회는 사실상 단독 정부나 다름없었고, 남쪽에서도 이승만에 의해 단독 정부가 추진되고 있었다.

정세는 급변했지만 백석과 그의 가족은 마치 태풍의 눈에 있는 것처럼 고요하기만 했다. 아내는 참으로 고운 사람이었다. 그녀는 단 한 번도 석의 과거를 물은 적이 없었고 석의 마음을 항상 편하게 해 주는 사람이었다. 그뿐이 아니었다. 석이 아무 벌이가 없이 글만 읽고 쓸 때, 그녀는 스스로 밖에 나가 일자리를 구했다. 임신한 몸으로 삯바느질도 하고, 날품팔이도 했다. 손이 거칠어지고 몸이 고단해도 아내는 남편에게 부담을 주지 않았다. 오히려 남편이 밖에서 활동하다 보안대에 끌려갈까 늘 염려할 뿐이었다.

석은 마치 연금이라도 당한 것처럼 집에만 붙어 있었다. 하지만 현실과 거리를 두는 게 꼭 나쁜 것만은 아니었다. 고독을 즐기며 생각의 폭을 넓히는 데에는 오히려 더 나았다. 첫째 아들 화제가 태어난 것도 이즈음이었다. 집 밖은 커다란 정치적 폭풍이 강하게 불고 있었지만 백석의 집안은 한동안 평화로웠다.

1947년 1월의 어느 저녁.

대동강이 꽁꽁 얼어붙을 만큼 한겨울 추위가 심했다. 불을 아무리 때도 추위는 방 안까지 스며들었고 찬 기운이 살을 파고들었다. 석은 새근새근 잠이 든 갓난쟁이에게 담요를 덮어 주었다. 나이 어린 아내는 희미한 전등불 밑에서 삯바느질을 하고 있었다.

석은 앉은 책상에서 고리키의 《어머니》를 읽었다. 책장을 넘기는 손이 시렸지만 고리키의 《어머니》는 예상보다 훨씬 따뜻한 인간미를 지닌 소설이었다. 예전에는 사회주의 리얼리즘이 폭력적이고 선동적이어서 정치 선전에 가깝다고 여겼는데, 고리키의 글은 밀레나 고흐의 그림처럼 소외된 이들을 따뜻하고 사실적으로 그려 내고 있었다.

"차를 끓일까요?"

아내가 차가운 손을 비비며 석에게 묻는다. 손이 굳어서 바느질이 잘 안 되는 모양이었다.

"그럽시다. 오늘 유난히 춥네. 차를 마시면 좀 나아지겠지."

석은 읽던 책을 덮었다. 마른 얼굴의 아내가 고생스러워 보였다. 아내는 차를 끓여 왔다. 둥굴레의 구수한 맛이 석의 헛헛한 마음을 잠시나마 달래 주었다.

석은 라디오를 컸다. 그는 저녁 시간이면 늘 습관처럼 라디오를 컸다. 바깥 활동은 하지 않더라도 정세가 어떻게 변하는지 알아야 했기 때문이었다.

라디오에서 나오는 선동적인 말투는 방 안의 평화로운 분위기를 깨뜨렸다. 아내는 라디오 방송이 나오면 얼굴이 굳어지고는 했는데, 행여 남편에게 불리한 일이 터질까 늘 불안한 표정이었다.

석은 오붓한 분위기를 해치는 라디오를 끄려고 했다. 그런데 진행자가 조선 작가 동맹 뉴스를 보도하기 시작했다. 작가 동맹이라면 지금 한설야 선배가 위원장이지 않나? 석은 끄려던 라디오를 그냥 두었다.

"…… 조선 작가 동맹은 시집《응향》의 출판과 판매를 엄격히 금하도록 조치할 예정입니다. …… 건국이 얼마 안 남은 중대한 상황에서 오로지 인민을 위해 글을 써야 할 작가들이 오히려 퇴폐적이고 애상적이며 허무한 글을 쓴다면 이는 반인민적, 반혁명적일 수밖에 없다는 게 작가 동맹의 지적이었습니다. …… 작가 동맹은 검열원들을 원산 지역에 파견하여《응향》작가들에 대한 사상 검증을 진행할 예정입니다.……."

'작가들에 대한 사상 검증이라니?'

석은 머리를 세게 얻어맞기라도 한 것처럼 한동안 멍했다. 작가에게 사상 검증? 그럼 사상에 맞지 않으면 글을 못 쓴다는 건가. 대체《응향》이 어떤 시집이길래, 어떤 작가들이 시를 썼길래 사상검증까지 받아야 하는 건가.

응향 사건. 이 사건은 해방 후 북쪽에서 처음 발간한 시집《응향》때문에 일어난 일이었다. 북쪽의 첫 시집에다가 화가 이중섭이 표지를 그린 만큼《응향》은 많은 작가와 예술가에게 주목을 받았다. 그런데 1947년 초 갑자기 북쪽의 거의 모든 신문에서 시집《응향》을 규탄하는 글들이 실렸다. 다른 이유가 아니었다. 시의 내용이 애상적이고 허무하며, 퇴폐적, 반인민적, 반동주의적이라는 것이 그 이유였다.

시집의 출판과 유통은 곧바로 금지되었고 북조선 문학 예술 총동맹은 사상을 검증하는 검열원을 파견하여 원산 문학가 동맹을 대대적으로 조사했다.

석은 라디오 방송을 믿을 수가 없었다.

'작가 동맹 한설야 선배가 이런 결정을 내릴 리가? 작가들의 사상을 검증한다는 건 글을 쓰지 말라는 게 아닌가?'

'애상적이고 허무한 까닭에 문제가 된다고? 그렇다면 내가 썼던 그간의 시들은? 내 시들은 애상적인 게 더 많을 텐데. 그럼 나도 언젠가 누군가로부터 사상 검증을 받아야 하나?'

'대체 앞으로 무엇을 쓸 수 있을까? 무엇을.'

석은 갑자기 오싹한 기분이 들었다. 바람은 더 차갑게 느껴졌고 머릿속은 얼어붙은 것처럼 생각이 잘 떠오르지 않았다. 석은 두 손으로 머리를 감싸 쥔 채 골똘히 생각에 잠겼다. 이제 남으로 갈 수는 없다. 막 출산한 아내와 늙으신 부모님, 갓난쟁이를 데리고 어떻게 남으로 갈까? 그럼 북에서는 어찌 살아야 하나? 예전처럼 시를 쓰고 문학을 가르칠 수 있는 걸까?

석은 막다른 골목에 와 있었다. 작가의 사상을 검증한다는 말은, 정권의 꼭두각시가 되라는 말과 똑같은 것이었다. 정권을 위해 나팔수처럼 메시지를 대필해 주는 존재가 어떻게 작가란 말인가. 석은 문득 한설야의 말을 떠올렸다. 아무튼 기다리라는 말……. 북에서 발표하지 말라는 말……. 발표라도 하는 날에는 큰 불이익이 있을 것처럼 그가 말하지 않았던가. 석은 어째서 한설야가 그렇게 말했는지 이해가 갈 것 같았다.

석은 생각을 거듭하다 찻잔을 밀치고 말았다. 찻잔에서 흘러내린 물은 곧바로 책상 위에 번지기 시작했다. 그런데도 석은 상념에서 벗어나지 못한 채 여전히 머릿속을 헤매고 있었다.

"괜찮으세요?"

"응?"

"에구머니, 여기 찻물이 흐르잖아요? 책에 스며들겠네."

아내는 고리키의 《어머니》를 집어들었다. 석은 그제야 자신이 찻잔을 넘어트린 걸 깨달았다. 그리고 안쓰러운 얼굴로 자신을 바라보는 아내의 손에 귀퉁이가 젖어 버린 고리키의 《어머니》가 들려 있는 걸 바라보았다.

고리키? 고리키! 그렇다. 우선은 번역을 하자. 번역을 하는 일이 견디는 일이다. 고리키도 좋고, 숄로호프도 좋고, 이사콥스키도 좋으니 러시아 작가들을 번역해 보자. 조용히 지내면서 사회주의 작가들의 시와 소설을 번역하는 데 힘쓰다 보면, 당국의 의심도 지울 테지.

백석은 아내가 쥐고 있던 책을 황급히 낚아채 귀퉁이의 젖은 물기를 닦았다. 아내는 유난스러운 남편을 빤히 바라볼 뿐이었다.

예술 총동맹 외국문학 분과 위원, 백석

석은 번역에 몰두했다. 창작을 단념한 것은 아니었으나 응향 사건 후로 시가 제대로 써지지 않았다. 가슴속에 떠오르는 말을 글로 쓰려고 하면 어김없이 보이지 않는 사슬이 손가락을 얽어매어 한 글자도 나아가는 게 힘들었고, 머릿속마저 멍해져 어떤 어휘도 모두 잊어버린 것 같았다. 그러나 번역은 달랐다. 번역은 감정을 옮기는 일이 아니었기에 머리는 맑았고 꽉 막혔던 언어들이 기다렸다는 듯 손끝에서 뿜어져 나왔다.

석은 자신이 번역한 원고를 한설야에게 보냈다. 한설야는 약속을 지켰다. 얼마 후 석은 한설야의 주선으로 예술 총동맹 외국문학 분과 위원 자리를 제안받았다. 석은 안정적인 수입이 생겼고, 활동할 기반이 생겼다. 한설야의 도움이 없이는 불가능한 일이었다.

집안은 조금씩 안정을 찾았지만 대외적인 환경은 갈수록 나빠지고 있었다. 조만식 선생은 여전히 연금 중이었고, 남쪽과 북쪽에 별도의 정부가 수립되어 남으로 향하는 길은 온전히 차단되고 말았다.

"밖에서 누가 찾아요?"

아내는 잔뜩 경계하는 목소리로 남편을 찾았다. 아내는 낯선 이들이 남편을 찾을 때면 여전히 가슴이 덜컹 주저앉았다.

"누구지?"

석은 숄로호프의《고요한 돈강》1권을 막 탈고하는 중이었다.

"허준이라는데요?"

"뭐요? 허준!"

그렇다. 허준이었다. 경성에서 활동하던 허준이 마침내 월북을 한 것이었다. 백석은 신도 신지 않은 채 문밖으로 뛰쳐나갔다. 진짜 허준이었다. 그는 어딘지 모르게 들뜨고 쫓기는 듯한 모습이었다.

"아니, 이런. 결국에 왔구나! 오고야 말았어!"

석은 오랜 친구가 너무 반가워서 꼭 껴안았다.

"그래. 왔어. 내가 왔지."

"위험하지는 않았어?"

"왜 위험하지 않겠어. 인천 앞바다에서 자칫 경비대에 붙잡힐 뻔했네. 요즘 경비가 너무 살벌해져서."

"그래 언제 올라왔어?"

"조금 됐지. 평양에 오기까지도 힘들었어. 북쪽에서 보안대에 붙들렸거든. 그 친구들한테 조사받느라 힘들었지. 일단 남쪽에서 오면 스파이로 의심부터 하니까. 그래도 한설야 선배가 확인을 해 준 덕에 이틀 뒤에 풀려나왔네. 어려운 세상이야. 일제 때도 자유롭게 다녔던 곳을 이제는 다닐 수 없다니 이게 말이 돼?"

"그래. 고생했네, 고생했어."

두 사람은 오랜만에 이야기꽃을 피웠다. 석은 허준에게 남쪽 사람들 안부를 물었다. 준은 김동명 시인과 오영진 작가가 무사히 남으로 내려왔다는 것, 남쪽에도 테러가 자주 일어난다는 것, 여운형이 암살되었고, 박헌영을 비롯한 사회주의자들에게 체포령이 떨어졌다는 것 등을 일러 주었다.

"그나저나 석이 너한테 미안하게 됐어. 네 시집 출간이 얼마 안 남았는데 그냥 두고 와 버려서. 더는 남쪽에 머물 수가 있어야지. 사회주의에 발만 담가도 체포되는 형편이라."

"괜찮아. 시집이야 세상 좋아지면 다시 내면 그만이지."

"그나마 몇 편은 잡지에 실었어. 좋은 시던데. 급히 오느라 잡지를 챙겨 오지도 못했네. 이곳 분위기는 어때?"

"여기라고 다를까? 힘든 세상이야."

"큰일이다. 이러다가 전쟁이라도 나면 어쩌냐? 여수 순천 이야기는 들었어?"

"무슨?"

"전쟁 나는 줄 알았어. 군대 안에서 좌익 계열 군인들이 명령을 따르지 않고 군사 행동을 일으켰거든. 제주도에 가서 사회주의자들을 진압하라는 명령이 떨어졌던 모양인데, 좌익 군인들이 따를 리가 없지. 반란을 진압하는 과정이 끔찍했다고 들었어. 민간인들이 죽고 전쟁이나 마찬가지였다더군."

"이런 같은 동포끼리……."

"넌 예전처럼 세상일과 담쌓고 지냈구나. 석아, 아무래도 내 생각인데 남과 북이 이러다 전쟁이라도 할 듯싶다. 이번에 올라오면서 보니까 북쪽 경계가 심상치 않더라. 종종 남쪽 군대하고 전투도 한다더라."

"아무리 그래도 전쟁이 나겠어? 같은 민족끼리. 일본도 물러간 판에."

"그래야지. 참, 이 말을 해야할지 모르겠네. 현중이 말이야. 서울에 있어. 해방되자마자 통영에서 올라왔더군. 무슨 방송 일을 한다던데, 완전히 반공주의자가 다 됐어. 아내 때문에 나도 한번 만났는데, 날 당국에 신고라도 할 기세더군. 사람 참 알다가도 몰라. 한때 그 친구 사회주의자 아니었나?"

"아, 그랬지. 난 잘 몰라."

석은 자신도 모르게 옛일이 떠올랐다. 아득하고 아름답던 옛일이. 아무리 잊으려 해도 잊히지 않는 란이. 그 란이의 얼굴이 한동안 석의 눈가에 머물렀다.

"아이는 없다는군. 아내가 폐병 후유증 때문인지 애를 못 갖는다고 하더라. 그래도 사이는 좋아 보여."

석은 쓴웃음을 지었다. 절친한 친구와 한때 마음을 두고 그리워했던 사람. 하지만 이젠 옛일이 되었고, 그들과 다시 만날 수도 없는 일이었다.

"이런 실없는 소리를 했나?"

"괜찮아. 지난 일인걸."

"말이 나온 김에 자야 소식도 전해 줄까?"

자야. 석은 무의식 속에 숨어 버린 이름이 튀어나오자 무척 당황스러웠다. 사랑했던 여자! 온전히 자신을 사랑해 주던 여자! 세상 같은 건 버리고 어딘가로 함께 달아나고자 했던 그 여자! 사랑했으나 출신 때문에 인연이 될 수 없었던, 불행하고 미안하고 안타까웠던 여자. 어쩐지 자야는 환상 속에서나 만났던 비현실적인 연인처럼 느껴졌다.

"그 친구 성공했어. 재주가 출중했잖아. 춤이면 춤, 노래면 노래, 글씨면 글씨. 요즘은 대궐 같은 집에서 사람 여럿 부리면서 고급 술집을 운영하더라고. 깜짝 놀랐지. 거물급 정치인들을 상대하더군. 세상 모를 일이야."

석은 마음이 헛헛해졌다.

"그래 만나는 봤어?"

"만났지. 석이 네가 청진동에서 그 친구랑 지낼 때, 얼마나 자주 놀러 갔었냐? 알아보더군. 별말은 없었어. 그런데 그렇게 큰 집을 운영하는데 어쩐지 쓸쓸해 보였지. 별채에서 혼자 지내는 거 같더라고."

혼자? 그렇구나. 자야는 여전히 혼자였군. 석의 얼굴에 잠시 침울한 기운이 스쳤다. 석에게 자야는 사랑의 추억이자 감춰진 죄의식이었다. 그녀를 떠난 뒤 늘 죄를 지은 것 같은 기분이 들었기 때문이었다. 부모님의 명을 거스르더라도 그녀와 혼인을 했었다면…….

"인연이란 게 참. 자야가 너랑 죽고 못 살 적에 둘은 절대 헤어지지 않을 줄 알았는데……. 세상일이 뜻대로 되는 게 아닌가 봐."

"……."

"내가 괜한 소리를 했군."

허준이 온 뒤로 석은 오히려 더 과묵해졌다. 동맹 사무실에 가도 오로지 번역에만 몰두했다. 석은 화려했던 젊은 날을 떠올렸다. 양말 하나도 멋스럽지 않으면 거들떠보지 않고, 조금이라도 남의 손때가 묻은 건 만지지도 않았던 지난날. 스타일을 한껏 살려 모던 보이로 이름을 날리며 경성 거리를 휘젓고 다녔던 옛 시절을 떠올렸다. 신현중과 허준, 그렇게 셋이서 광화문을 쏘다니던 시절이 엊그제 같은데, 이제 곧 마흔이라니 믿기지 않았다.

모든 일이 허무했다. 모던 보이로 뽐내던 시절도, 함흥에서 영어 교사로 일하던 시절도, 사랑하던 자야와의 시간과 시를 쓰는 일까지. 이제는 나무 책상 위에서 당국이 지시하는 대로 사회주의 문학을 번역하는 일을 기계적으로 수행해야 한다. 화려한 문체, 번역가의 개성을 드러내는 표현, 지나친 흥미와 감동, 이런 번역은 엄격히 금지됐고, 오로지 밋밋하고 기계적인 번역을 해야 했다. 지난날은 허무했고, 책상 앞에는 오로지 생존이라는 두 글자만 남은 것처럼 보였다.

북쪽의 정치 상황은 하루가 다르게 변했다. 남쪽에서 활동하던 사회주의자 박헌영이 평양에 와 있었고, 그는 김일성과 경쟁하고 있었다. 그는 여수 순천 사건이나 제주도에서 일어난 일들을 거론하며 북한의 인민군이 서울만 장악하면 남한 각지에서 사회주의 혁명이 일어나 손쉽게 통일을 이룰 거라고 전쟁을 부추기고 있었다. 그의 발언 때문일까. 김일성 수행 비서가 최근 소련을 찾는 일이 부쩍 잦아지고 있었다.

똑똑.

"누구십니까?"

1950년 어느 봄날. 예술 총동맹 외국문학 번역분과 사무실로 노크 소리가 들려왔다.

"나요. 한설야."

"아니, 바쁘신 분께서 이런 누추한 곳까지."

"누추한 곳이라니요. 하하. 조선에서 가장 세련된 시인의 작업실인데."

한설야였다. 그는 그의 말대로 김일성 편에 서서 인민 위원회 대의원이자 북조선 예술 총동맹 위원장 자리를 꿰찼고, 교육문화상 자리에까지 올랐다. 그런 그가 수행 비서도 없이 백석을 찾아온 것이었다.

"어떻게, 지금 하는 일은 마음에 들어요?"

"네. 배려에 늘 감사하지요."

한설야는 백석의 대답에 빙긋이 웃으며 손사래를 쳤다.

"뭘, 그런 걸 가지고. 그나저나 다행이에요. 석 시인이 내 말을 잘 따라줘서. 나도 고맙다니까. 석 시인! 이렇게 견디다 보면 언젠가 좋은 날이 올 거요."

"저야 늘 감사드리지요."

두 사람은 한동안 서로의 안부를 주고받았다. 하지만 말이 길어지지는 않았다. 한 사람은 북한 최고 권력자 중 한 사람이었고, 한 사람은 말단 번역가였으니 두 사람의 교집합은 적을 수밖에 없었다. 십여 분이 지났을까. 한설야가 자리에서 일어섰다.

"벌써 가시게요? 참, 바쁘시지요?"

"그래요. 이곳 시찰하다 석 시인 생각나서 한번 들러 본 거요. 어려운 일 있거든 언제든 연락하시오. 나중에 집에서 한번 봅시다. 좋은 술 한잔 해야지."

한설야는 일어났다. 그리고 출입문 손잡이를 돌리더니, 갑자기 뭔가 떠오른 것처럼 손잡이를 놓고 백석을 돌아봤다.

"그런데, 석 시인! 혹시 남쪽 잡지에 작품을 실었소?"

"네?"

"투서가 들어왔어요. 투서가. 석 시인이 남쪽에서 활동한다는."

"그럴 리가요."

"뭐, 짐작은 가요. 허준이 서울이 있을 때, 그 친구가 원고를 잡지사에 보냈겠지."

"네? 네."

"〈학풍〉*이라든가? 〈남신의주 유동 박시봉방〉**. 그러면 곤란해요. 석 시인 시를 내가 모르겠소. 감성이 흘러넘치고, 우수가 깃들여 있지. 향토색도 짙어서 석 시인 시를 읽으면 고향 생각이 절로 나요. 예전 같으면 내가 참 좋아할 만한 시였소. 한데 지금은……. 내가 석 시인을 감싸는 데에도 한계가 있어요. 과격한 사람들 중에 석 시인을 못마땅하게 여기는 이들이 많아요."

"……."

"석 시인! 나는 여전히 석 시인을 신뢰해요. 다치지 않았으면 좋겠어. 그러니 조심해야 합니다. 문장 하나, 단어 하나 잘못 썼다가 곤욕을 치를 수도 있지 않겠소? 지금 하는 번역도 행여 감상적인 데가 있으면 꼭 손을 보시오."

"네, 무슨 문제라도."

"사회주의 혁명이라는 대업 앞에 예전처럼 나약하게 외롭다는 타령을 해서는 안 돼요. 알죠? 붉은 깃발 휘날리며 힘차게 나아가는……. 그런 분위기의 글을 쓰시오."

"……."

석은 아무 대답도 못 하고 그저 고개를 조금 수그릴 뿐이었다.

●   1948년, 을유문화사에서 창간된 문예 교양지.

●●   일제 강점기를 배경으로 한 백석의 시

한설야는 다시 손잡이를 잡았다.

"아······."

한설야는 손잡이를 잡은 채로 무슨 말을 꺼내려다가 멈칫거렸다.

"석 시인! 이제 세상이 바뀔 거요. 조만간 서울에서 한잔 합시다. 하하!"

서울? 정녕 서울이라고 했나? 서울을 어떻게 간다는 말이지?

1950년. 봄날은 지나가고 있었다. 봄꽃은 떨어졌고 숲의 잎들은 무성하게 변해 갔다. 얼마 지나지 않아 남녘에서 습기 가득한 바람이 불어왔다. 장마. 이른 더위에 장마가 겹쳐 조금만 움직여도 살이 끈적거릴 만큼 습한 날씨가 며칠 동안 계속되었다. 날씨 탓일까. 전에 없이 평양 시가지는 조용했고, 한산하다 못해 스산한 분위기마저 감돌았다. 그리고 이틀 후 6월 25일. 한반도 전역에 전쟁이 시작되고 말았다.

획일적 이념에 맞서는 개성, 다양성, 예술성

3년간 지속된 전쟁은 한반도에 지울 수 없는 상흔을 남겼다. 마치 고대의 부서진 유적처럼 도시는 기괴하게 파괴되었고, 산야는 나무 하나, 풀 한 포기조차 없이 달의 표면처럼 황량하게 변하고 말았다. 전쟁은 승자도 패자도 없이 숱한 슬픔만 남긴 채 끝나고 말았다.

전쟁이 끝나자 북은 또다시 정치적 격랑에 휩싸였다. 누군가는 책임을 져야 했기 때문이었다. 김일성은 전쟁 실패의 책임을 물어 박헌영을 체포했다. 그는 미국 스파이 활동을 했다는 명목으로 재판을 받았고 그를 따랐던 평론가 임화와 소설가 김남천은 형장에 이슬로 사라지고 말았다.

그즈음 한설야는 김일성의 사람으로 철저히 변해 있었다. 그는 전보다 훨씬 권위적이었고, 냉정했다. 동료 작가인 임화와 김남천을 처형하자고 주장한 것도 다름 아닌 한설야였다. 그는 살아남기 위해 냉정했고, 냉정할수록 더 강한 권력을 누렸다. 그가 김일성을 소재로 영웅적인 소설을 쓴 것은 결코 우연이 아니었다.

"석 시인!"

한설야였다. 그는 종종 백석의 러시아어 번역실을 찾았다.

"이번에는 이 책을 번역해 보시오."

한설야는 성경처럼 두꺼워 보이는 책을 석에게 내밀었다.

"루카치라고. 사회주의 리얼리즘 이론가인데, 미학 이론이라는 책이오. 요즘 소련에서 젊은 친구들이 이 사람 책을 두루 읽는다지. 번역하면서 최신 이론도 공부하고 좋지 않겠어요?"

"네. 그런데 이거 러시아어가 아닌 것 같은데요?"

"어, 그런가. 이 사람 헝가리 출신이었군. 나는 석 시인이 아무 책이나 주면 다 번역할 줄 알았지. 하하."

한설야는 헛웃음을 지으며 무안해했다.

"석 시인! 내가 왜 이러는지 알고 있어요?"

"네?"

"내가 왜 석 시인한테 이런 이론서 번역을 맡기는지 알고 있느냐 말이오?"

한설야는 석에게 번역할 거리를 자주 가져왔다. 그가 직접 책을 들고 올 때도 있었고 사람을 시켜 원고 뭉치를 석의 책상 위에 올려놓을 때도 있었다. 대개는 소련 공산당 소식지이거나 사회과학 이론서들이었다. 백석은 여전히 시와 소설을 번역했지만 한설야가 가져온 원고 때문에 번역 속도는 더디만 가고 있었다.

"임화나 김남천이 왜 희생됐는지 알아요? 물론 박헌영 일파라먼저 제거했지. 수족을 잘라야 하니까. 하지만 그 사람들 희생시킬 때 박헌영 때문이라고 할 수는 없잖아. 이유가 있어야지. 그래서 그들이 쓴 작품에서 이유를 찾았지. 뭔가 나약하거나, 외롭다거나, 전쟁에 지쳤다거나, 혹은 도피적이거나, 세상 같은 건더러워 버린다는 것이나, 등등. 혁명의 기운이 빠진 표현을 말이오. 민중을 현혹하고 나약하게 만든 죄, 그게 그들이 희생당한이유가 된 거요."

"⋯⋯."

"나는 그런 애수에 찬 표현을 조선에서 가장 잘 쓰는 사람을알지요. 아무리 사회주의 소설을 번역한다 해도 어딘가에는 감정을 앞세운 부분이 있을 테고, 아마 그 사람은 그 장면을 물 만난 고기인 양, 진짜 고독하고, 슬프고, 안타깝게 조선말로 바꿔서 읽는 사람의 마음을 울릴 텐데, 그런데 누군가는 그 감동을나약한 부르주아의 퇴폐적인 감상으로 비난할 거란 말이오. 혁명의 위대한 순간을 싸구려 감정으로 망쳐 버렸다고 비난하겠지. 그리고 그 번역가는 언젠가 싸늘한 처형대에 묶일 거고."

"……."

"내가 왜 이런 이론서를 주는지 알겠어요? 이론에 감정은 없잖소."

"……."

"서운하게 생각하지 맙시다. 나, 괴로운 사람이오. 임화? 내게 얼마나 가까운 사람이었소? 일제 때부터 같이 사회주의 문학 운동을 하던 친구였는데. 그를 내칠 때 마음이 찢어질 것 같았다오. 그러니 석 시인! 더 기다리시오. 이제 책임을 묻는 일이 거의 끝나 가오."

석은 책상 위에 쌓인 소련 공산당 소식지들을 만지작거렸다. 이 문서들이 자신의 목숨값이었다니.

"석 시인! 그렇게 자존심 강한 임화도 죽기 전에 살려 달라면서 김일성 수령 만세를 얼마나 외쳐 댔는지 아오? 수령을 주인공으로 시를 썼노라고 새벽녘에 날 찾아온 적도 있었지. 하지만 이미 늦었는걸. 그러니 조심해야 해요. 아무리 쓰고 싶어도 절대로 예전처럼 쓰면 안 된단 말이오."

"……."

"이 책은 내가 다시 가져가야 할까? 그러지 말고 헝가리어? 이 말을 배워 보면 어떻겠소? 시간은 많이 있으니까. 여기 놔두고 가겠소."

한설야는 집어 들었던 책을 다시 석의 책상 위에 놓는다. 그러
더니 사무실을 둘러보고는 안타까운 한숨을 쉬며 출입문 쪽을
향했다.

석은 아무 말도 하지 못하고 그저 서 있었다. 문학가에게 감정
을 섞지 말라니. 외롭다는 걸 외롭다고 표현할 수 없고, 그립다
는 걸 그립다고 할 수 없다면 대체 뭘 쓸 수 있을까. 사랑을 잃은
슬픔을 쓰지 못하고, 혈육을 잃은 아픔마저 억지로 이겨 내야 한
다는 말인가. 그럴 때조차 붉은 깃발 휘날리며 혁명을 향해 전진
하는 경쾌한 글을 쓰는 게 가능한가.

석은 우두커니 서서 아무 말도 하지 않고 한설야를 바라볼 뿐
이었다.

"석 시인! 뭘 생각하는지 내가 잘 알아요."

석은 여전히 한설야를 바라봤다. 그 눈에는 치밀어 오르는 분
노를 진한 아쉬움과 간절한 애원으로 겨우 억누르고 있는 듯했
다. 한설야는 그런 그에게 단호한 말투로 말했다.

"이제 시인으로 사는 건 그만두시오. 백석이 시인으로 사는 건
죽음을 예약하는 것이나 다름없소."

"위원장 동지!"

석은 절망스러운 눈빛으로 한설야를 바라봤다. 한설야는 문

득 백석의 시구를 떠올렸다. 외롭고, 높고, 쓸쓸한. 한설야도 생각했다. 천생 시인에게 시를 쓰지 말라는 것이 어떤 고통인지를. 그도 정치인이기 이전에 작가였기에 백석의 고통에 공감하지 않을 수 없었다.

"에이, 빌어먹을! 그렇게 쓰고 싶으면 어디 애들 얘기라도 써 보든가."

한설야는 신경질적으로 문을 열어젖히더니 몹시 화가 난 듯 씩씩거렸다.

"난 이제 백석을 모르오. 더는 막아 줄 수 없다고!"

"석아, 시를 발표했다면서?"

오랜만에 집을 찾은 준이 문을 열자마자 다짜고짜 질문부터 해댔다. 그도 그럴 것이 석이 시를 발표한 게 8년 만이었기 때문이었다. 이즈음 허준도 소설을 단념하고 번역으로 근근이 생계를 유지하고 있었다.

"시는 무슨. 아이들 읽는 동시일 뿐이야."

"동시? 아동문학? 어쨌든 축하해. 이러다 본격적으로 시를 쓰는 거지. 안 그래?"

"그럴 수도 있지. 그보다 큰애한테 재밌는 글 좀 읽혀 주려다 발표한 거야. 요즘은 번역에, 잡지 편집 일에 다른 생각은 엄두

가 안 나."

"어찌 됐든 잘됐어. 그런데 요즘 작가들 분위기도 그렇고 당국도 그렇고 뭔가 느슨해진 분위기야. 박헌영이 처형됐는데 사람들이 별로 두려운 기색이 없어."

준의 말대로 조선 노동당을 세웠던 사회주의자 박헌영은 결국 처형되었다. 하지만 그의 처형을 앞두고 북한의 정치 분위기는 뭔가 변하고 있었다. 그 까닭은 스탈린이 죽고 난 뒤로, 김일성에 대한 소련의 지지가 예전만 못했기 때문이었다. 스탈린의 뒤를 이은 흐루쇼프는 스탈린 시절의 우상화 정책을 정면에서 비판했고, 스탈린은 소련 역사에서 점점 사라지고 있었다. 그런 분위기가 북한 정치인들 사이에도 두루 퍼져 나가고 있었던 것이다.

"글쎄. 느슨해진 것은 맞지만 조심은 해야지."

"아무튼 네가 동시라도 쓰게 됐다니 난 좋다. 예전의 백석 시를 보면 더 좋겠지만."

"이제 예전 같은 시를 쓰기는 어렵지. 지금처럼 동시를 쓰는 것만으로 난 만족해."

석은 예전처럼 시를 쓸 수는 없었다. 한설야 때문이 아니라 통제된 사회에서 자유로운 감정이 살아나지 않았기 때문이었다. 일제 말 경성에서 시를 쓸 수 없던 것처럼 말이다. 딱 하나. 열 살 넘은 큰애와 전쟁 중에 민들레처럼 태어난 딸애를 보고 있노라면 석은 어쩌지 못하는 감정들이 살아나 자신도 모르게 동시를 쓰고 있었다. 하지만 딱 거기까지였다.

"소련과 중국이 박헌영 처형을 반대했다고 하더라. 지금 수령이 끈 떨어진 거지. 소련 측에서 항의 방문을 한 모양이야. 옛날 소련이 아냐. 스탈린 동상을 부수고, 방부 처리된 시신까지 화장시켰다는군."

"……."

"조만간 새로운 세상이 오려나?"

백석은 혼란스러웠다. 며칠 전 한설야가 다시 백석을 찾아왔었다. 그는 어쩐 일인지 백석에게 〈문학신문〉과 〈아동문학〉, 〈조쏘문화〉의 편집 위원 자리를 제안하면서, 백석이 발표한 동시가 훌륭하다고까지 칭찬을 곁들였다. 하지만 그 어느 때보다 위험하니 절대로 그 이상 나서지 말 것을 다시 한번 당부했다.

하지만 한설야의 말과는 달리 사람들은 모처럼 해빙의 분위기를 느끼고 있었다. 스탈린이 죽고 난 뒤로 소련의 새 지도부와 수령은 미묘하게 갈등 중이었다. 그런 사이 수령을 비판하는 이들이 하나둘씩 정치권에서 생겨나고 있었다. 얼마 전 종파 사건*때

● 종파 사건은 1956년 조선 로동당 3기 2차 전원 회의에서 최창익 등 김일성을 반대하던 정치인들이 김일성 개인 숭배를 비판하자 김일성이 이들을 처벌한 사건을 가리킨다.

257

붙들렸던 정치인도 소련의 입김으로 다시 풀려나 수령의 장악력과 자존심은 그야말로 땅에 떨어지고 있었다. 어쩌면 한설야의 걱정과 염려는 지나친 것일지 몰랐다.

"준이, 너도 소설을 다시 써 보는 건 어때? 동화라도."

"나? 난 틀렸어. 그저 잡문이나 번역해야지. 대체 뭘하는지 모르겠다. 사회주의가 이렇게 통제적일 줄은 몰랐지. 정말 순진했어. 난 됐고, 넌 곧 편집 위원이 될 몸인데 이론적인 글을 써 보는 건 어때? 일종의 창작 방법이랄까? 요즘 젊은 작가들은 처음부터 오로지 사상성만 앞세우잖아. 인간적이질 않더라고. 붉은 깃발, 투쟁, 조국 건설. 이런 말들로 도배된 시를 읽다 보면 지겨워진다니까. 슬며시 창작 방법을 써 보는 건 어때? 젊은 작가들에게 자극도 줄 겸."

창작 방법? 석은 그럴 듯하다는 생각이 들었다. 굳이 창작 방법처럼 거창한 말이 아니더라도 지금 같은 분위기라면 적어도 젊은 작가들에게 메시지를 줄 수 있다는 생각이 들었다.

"어차피 동시를 쓸 거면 아이들 마음을 읽어야지. 어린애들한테 혁명 정신을 주입하는 게 말이 돼? 이거 우리끼리 이야기야. 괜히 진땀이 나는군."

1956년, 9월. 백석은 〈나의 항의, 나의 제의〉를 발표했다. 아무리 사회주의 리얼리즘이 혁명성을 위한 현실을 그린다 해도 작가의 개성과 다양성을 무시하면 안 된다는 것, 풍자성과 낭만성으로 아동이 즐거움을 느끼며 자연스럽게 사회에 눈을 떠 가도록 해야 한다는 것이 주요 내용이었다.

한 달 뒤 평양에서 조선 작가 대회가 중앙당 차원에서 열렸다. 백석과 허준 역시 대회에 참석했다.

"석 시인!"

한설야였다. 그는 매우 침착한 어조로 말을 걸었다.

"기어이 일을 터뜨렸군요. 뭐, 차라리 이런 게 석 시인답지. 아무리 당의 명령이 있다 해도 문학이 개성이나 자율성을 잃어서는 안 되니까. 역시 당신은 천생 시인이야."

한설야는 어딘지 모르게 힘이 빠져 있는 듯했다. 수령이 비판받는 현실에 신경이 쓰였는지 상당히 피로해 보였다. 그는 백석을 위원장 사무실로 데리고 갔다.

"석 시인! 글은 아주 잘 봤소. 좋은 글이더군. 석 시인답지 않게 공격적이고."

"그저 평소 생각한 걸 적었을 뿐인데요."

"평소 생각이라? 그게 더 위험한걸. 하하. 어찌 됐든 지난번 내가 제안했던 편집 위원 일은 잘 맡아서 해 주구려. 지금으로서는 그 일을 맡겠다는 사람도 딱히 없고. 어려운 일은 아닐 거요. 오래 고생할 일도 아니고."

한설야는 책상 위에 펼쳐진 서류를 만지작거렸다. 어딘지 모르게 초조하고 불안해 보였다. 서류를 정리하는 것 같다가도 창밖을 바라보며 한숨을 쉬기도 했다. 그의 한숨에 지도부가 위기라는 게 느껴질 정도였다.

"당분간 나를 볼 수 없을 거요."

"어딜 가십니까?"

"음, 어딜 가긴 가지. 아시아 작가 대회 때문에 인도를 다녀와야 하니까. 아마 다녀와서도 오랫동안 볼 일이 없을지 몰라요."

"네? 네."

"쓰는 걸 조금 참지 그랬소. 하기는 지금까지도 참 오래 참았지. 애 많이 썼소. 그동안."

"제가 뭘……."

"이제 곧 또다시 세상이 바뀔 거요. 잘 지내야 합니다."

한설야는 느닷없이 석의 두 손을 잡고 영 이별하는 사람처럼 석을 그윽한 눈빛으로 바라보았다. 그 안에는 회한과 연민, 아쉬움과 애틋함이 뒤섞여 있었다.

석의 글에 대해 아동문학 분과 위원들은 별다른 반응을 보이지 않았다. 석은 한설야가 남기고 간 말이 신경 쓰이기는 했지만 수개월이 지나도 석에게 문제를 삼기는커녕 논쟁을 걸어오는 일조차 없었다. 오히려 젊은 작가들 중에 석의 글에 용기를 냈다는 사람도 있었고, 생각이 바뀌었다는 친구도 있었다.

석은 천천히 자신감을 회복했다. 그사이 출판사로부터 연락이 왔다. 석의 동시들을 모아 한 권의 시집으로 엮겠다는 것이었다. 《집게네 네 형제》. 삽화는 오랜 친구였던 정현웅이 맡아 주기로 했다.

석은 이런 자신감으로 또다시 글을 썼다. 역시 아동문학 창작에 관련된 글이었다. 석은 아동에게 사상성을 섣불리 주입하기보다 장기적인 안목에서 교양성과 흥미를 주어야 하며, 작가의 예술성과 개성을 존중해 줄 것을 힘주어 주장했다. 무조건 이념을 내세우거나 획일적인 표현을 반복하는 것은 문학으로서는 수준 미달이 아니냐며 다소 공격적인 주장도 내세웠다. 이렇게 석은 북한에서 처음으로 자신을 드러내고 있었다.

그러던 어느 가을. 두 번째 동시집 준비로 한창 바쁠 때 허준이 찾아왔다.

"석아, 들었어? 이태준이 자아비판을 했다는데?"

"뭐?"

"한설야가 주도했다는군. 미군 조종사를 조롱하는 글이 미국

의 조선 침략을 정당화하는 데 빌미를 준다나. 그게 말이 돼? 그
보다 아무래도 일제 때 순수 문학을 한 걸 문제 삼고 있나 봐. 나
원 참. 예술 총동맹 부위원장을 내쫓다니. 세상이 다시 거꾸로
돌아가는 것 같네. 뭔가 바뀌는가 싶었는데……."

"이태준 선생이?"

석은 며칠 전 평양 시내 국숫집에서 이태준과 점심을 먹은 적
이 있었다. 석이 일제 말 몇 편의 시를 이태준이 주간하는 〈문
장〉지에 실을 만큼 두 사람의 인연은 남달랐다. 그는 해방 전 조
선을 대표하는 소설가였고, 월북해서는 한설야와 함께 예술 총
동맹과 작가 동맹을 이끌며 단단히 입지를 다지고 있었다. 전쟁
직후 임화와 김남천이 희생당한 것과 달리 이태준은 여전히 작
가들 사이에 영향력이 높았다. 그런 그가 자아비판을? 어쩐지 일
주일 전 그의 표정이 어딘지 모르게 쓸쓸하고 어두워 보였었다.

이즈음 평양은 또다시 격랑에 휩싸이고 있었다. 줄곧 수세에
몰리던 김일성이 이른바 주체사상을 앞세워 소련으로부터 독자
적인 행보를 하겠노라고 천명한 것이었다. 이때 소련은 극동의
작은 나라에 신경 쓸 여유가 없었다. 중국과 사회주의 종주국을
두고 갈등과 경쟁을 벌이느라 북한에 압력을 행사할 겨를이 없
었던 것이다. 그건 중국도 마찬가지여서 북한에 대한 중국의 영

향력도 미비할 수밖에 없었다. 이런 분위기에서 김일성은 소련과 중국의 눈치에서 벗어나 독자적인 정치 행보를 펼칠 수 있었다. 그는 소련 등 외부의 세력을 등에 업고 자신을 비판하던 이들을 맹비난하며 종파주의자라는 딱지를 붙였다. 그러고는 자신과 반대편에 서 있거나 미온적인 인물들을 색출하기 시작했다.

석은 물밑에서 진행되는 숙청의 칼바람을 눈치채지 못하고 있었다. 아니 그는 그런 바람이 일었다 해도 자기 신념을 꺾을 수 없었을 것이었다. 자기 글을 다시 쓰기 시작한 지 겨우 2년. 그것이 아무리 소박한 동시라고 해도 석은 양보하지 않았을 것이다.

"여보, 편지가 왔어요. 그런데……"

아내의 목소리가 부르르 떨리고 있었다.

"왜 그래?"

"봉투가 온통 붉은색이에요. '조선 노동당 중앙 위원회'에서 온 건데……."

붉은 편지와 갈매나무

붉은 편지.

석은 떨리는 손으로 편지를 뜯어 보았다. 항간에 들리던 소문이 현실이 아닐 거라고 외면했지만 막상 붉은 편지를 손에 쥐고 보니 자신도 모르게 심장이 두근거렸다.

얼마 전 백석도 이태준처럼 아동문학 토론회에 불려 나가 자아비판을 해야만 했다. 정치적인 분위기가 달라지자 백석의 동시는 사상성이 부족하다는 비난을 받아야 했고 그는 깊이 반성하고 있다는 굴욕적인 자아비판을 해야 했다. 다행히 분위기는 험악하지 않았고 아동문학 분과 위원장이 어깨를 두드리며 앞으로 자숙하라고 해서 큰일은 없을 거라고 생각했었다.

백석 작가 동지에게

　동지는 조선 혁명과 사회주의 건설을 위해 합심해야 할 상황에서 창작의 자유와 작가의 개성을 언급하는 등 부르주아적인 잔재를 청산하지 못한 채 반인민적, 반혁명적인 글쓰기와 언동으로 조국과 인민에게 정신적 상처를 주었다. 이에 우리 당은 백석 동지를 강력히 처벌하려 했으나 마지막으로 사상 개조의 기회를 주고자 한다. 함경도 삼수군 협동조합으로 조속히 이동하여 노동자들과 함께 일하고 호흡하며 잃어버린 노동의 신성함을 깨닫도록 한다.

　"삼수군 협동 농장?"

　"함경도 삼수군이면 개마고원이 아네요?"

　옆에서 아내가 벌벌 떠는 목소리로 말했다. 얼마 전 이태준이 해주 시에 인쇄공으로 떠나고 작곡가 김순남이 조선소 주물공으로 배치되었다는 이야기를 들을 때만 해도 석은 크게 걱정하지 않았다.

　아동문학 분과위원들 중에 백석의 동시를 긍정적으로 평가하는 이들도 있었고 《집게네 네 형제》에 대한 반응이 좋아서였는지 두 번째 시집도 출간을 앞두고 있었기 때문이었다. 그런 그에게 삼수군 협동조합이라니. 4월 말까지 얼음이 녹지 않는다는 삼수군에서 어떻게 생활을 한단 말인가.

석은 다급한 마음에 한설야를 찾아갔다. 삼수. 그곳은 자존심을 지킬 만큼 여유로운 곳이 아니었다. 혼자라면 몰라도 이제 걸음마를 시작한 막내까지 데리고 얼어붙은 땅으로 가는 건 받아들이기 어려웠다.

한설야의 집은 2층 석조 건물로 일제 때 평양시 경찰국장이 쓰던 관사였다. 하얗게 칠한 철문으로 된 출입구 앞에 총을 멘 경비대 두 명이 엄숙하게 자리를 지키고 서 있었다. 석은 잔뜩 긴장한 채 자신이 온 까닭을 말했다. 그러자 경비대원 중 하나가 짜증을 내며 안으로 들어갔다. 곧 한 사내가 성큼성큼 걸어왔다.

"동무! 약속도 잡지 않고 위원장 동지를 만날 수는 없습니다."

그는 한설야의 비서인 듯했고, 건조하고 딱딱하게 말했다.

"부탁 좀 합시다. 오랜 친구 백석이 왔다고 전해 주시오."

백석은 한 번 더 말을 이었다.

"백석? 백석이라고 하셨소? 그럼 반혁명분자가 아니오. 돌아가시오! 당신 같은 사람과 잘못 엮였다가는 교육문화상 동지께서 화를 입으시겠소! 어서 돌아가시오!"

"네? 반혁명분자라니? 그런 당치 않은. 그저 아동을 위해 글 쓰는 작가일 뿐이오."

"이보시오! 하루에도 여길 찾아오는 작가들이 몇인 줄 아오? 당신 한 명 잘못 봐줬다가 문화상께서 곤란해지는 게 좋소? 혁명

과업을 위해 희생할 줄도 알아야지. 자기 이익만 앞세우는 부르주아 근성을 아직도 못 버리다니. 돌아가시오! 어서!"

석은 억울했지만 다시 한번 한설야를 만나게 해 달라고 부탁했다. 자기 혼자는 삼수든, 경흥이든, 어디든 가겠으나 가족만큼은 평양에 있게 해 달라고 부탁하고 싶었다. 약간의 실랑이가 일었던 탓이었을까, 출입문이 열리더니 한 젊은 여인이 나왔다. 그녀는 비서에게 무례하게 굴지 말라고 한 뒤, 공손한 말투로 말했다.

"돌아가세요. 아버지께서 석 시인을 두고 고민 많이 하셨어요."

아버지? 아, 이 여인이 한설야의 딸이구나. 석은 주춤거렸다. 언젠가 괴한에게 습격을 받고 목숨이 위태로웠던 딸. 그 딸을 위문하고 한설야의 곤란한 사정을 작가들에게 널리 알려 마침내 범죄자를 처벌받게 했던 일이 떠올랐다. 그 시절 한설야는 자기 딸이 백석 시를 무척 좋아한다고 전해 주지 않았던가. 그 앳되고 청순했던 숙녀가 이제 성숙한 여인으로 나타나다니.

"옛일은 두고두고 감사했습니다. 아버지께서 무척 괴로워하셨어요."

"괴롭다니요?"

"아끼는 분들을 직접 내치셔야 했으니까요. 심신이 지치셨는지 이틀째 앓아누워 계세요. 이제 곧 많은 작가 분들이 곁을 떠

나실 겁니다. 석 시인은 그나마 아버지께서 손을 쓰셔서 삼수군
에 가시게 된 거예요. 다른 분들은…….”

“아니, 그럼…….”

석은 가슴이 철렁했다. 여인은 고개를 끄덕이며 말을 이었다.

“아버지께서 말씀 전하라고 하셨습니다. 더 잘 지켜 주지 못해
서 죄송하다고. 그리고 좋은 시인이시니 꼭 견뎌 내셔야 한다고.
그럼 이만.”

여인은 석을 두고 뒤를 돌아 집 안으로 들어갔다. 석은 더는
부탁할 수 없다는 것을 알았다. 한설야는 한설야대로 자신을 위
해 최선을 다했을 것이다. 감당하기 어려운 정치적인 압력이 위
에서 내려왔을 것이고 한설야 역시 선택지가 많지 않았을 것이
다. 상황은 달라지지 않았다. 아, 삼수군. 정녕 가족들을 데리고
그 험한 곳으로 가야 한다는 말인가.

석은 허준을 찾았다. 이제 막 걸음마를 시작한 막내만이라도
허준에게 맡겨 둘 부탁이었다. 그런데 문을 열어 주는 허준의 아
내 순영의 눈가가 무슨 까닭인지 촉촉이 젖어 있었다.

“석아, 안 그래도 찾아가려고 했는데. 붉은 편지 때문이지?”

“아니, 그럼 너도?”

“나도 받았지. 난 경흥 탄광으로 가라는군.”

준은 모든 것을 체념한 듯 힘없이 허무하게 말했다.

"뭐?"

석은 놀랐다. 그곳은 가장 죄질이 무거운 이들이 끌려가는 악명 높은 탄광으로 사실상 정치범 수용소에 가까웠고, 풀려날 가능성이 거의 없는 곳이었다. 한설야의 딸이 말했던 곳이 바로 이곳이었다.

"예전에 만주에서 넘어오면서 경흥에 들렀던 적이 있었지. 그때 나라가 망했는데도 미처 떠나지 못한 일본인들이 먹고살기 위해 트럭에 실려 갔던 곳이 경흥 탄광이었어. 사람 사는 곳은 아니라고 봐야지."

"이런……."

"김일성 그자가 남쪽에서 올라온 사람들한테 자비가 별로 없더군. 박헌영 잔당쯤으로 생각하는 거지. 넌 어디야?"

"삼수군. 협동 농장."

"너도 별 수 없구나. 그나마 한설야가 신경을 써 준 모양이네. 삼수가 경흥보다는 훨 낫지. 난 아마 경흥에서 끝나지 않을까 싶다."

준은 막막한 눈빛으로 천장을 올려다봤다. 마치 자기 운명을 예감이라도 하는 듯 쓸쓸하고 서글픈 표정이었다.

"오히려 후련해. 그동안 머릿속이 복잡하고 불안했는데, 이제 석탄 캐내느라 고민은 다 사라지겠지. 양심을 버리고 사는 것보다 이게 속 편할지 몰라. 넌 그래도 훗날을 기약해 봐."

"준아, 그래도 희망을 버리지 말자. 포기하기에는 일러."

"난 틀렸어. 휴, 작가로 사는 게 목숨을 내놓는 일인 줄은 몰랐어. 난 괜찮지만 가족들이……."

준의 눈에는 어느새 그렁그렁 눈물이 맺혔다. 두 사람은 아껴 둔 술을 꺼내 나눠 마셨다. 가슴에 쌓인 말들은 많았지만 제대로 말을 잇지 못했다.

"아, 참 네게 줄 게 있었어. 계속 잊고 있었네. 자, 이거 받아."

"뭐야 이게?"

준은 석에게 한 권의 책을 건넸다. 전쟁 통에 불타 버렸는지 귀퉁이가 그을리고 뒤쪽 표지가 아예 떨어져 나간 낡은 잡지였다.

〈학풍〉이었다.

"〈학풍〉이라면?"

"6·25 때 넌 평양에 있었지만 난 서울까지 내려갔었잖아. 그때 우연히 자야를 다시 만났지. 그때 자야가 네게 건네주라고 했어. 전쟁 통에 내내 정신이 없어서 잊고 있었나 봐."

"뭐?"

"너도 자야 이야기하는 걸 거북하게 여겼잖아. 그래서 그랬는지 그만 잊었지 뭐야. 며칠 전 짐 정리를 하다 이게 나와서 나도 깜짝 놀랐지."

〈학풍〉.

여기에는 백석이 남쪽에서 발표한 최후의 시가 실려 있었다. 허준이 월북하기 직전, 잡지사에 남겨 두고 왔던 바로 그 시였다. 석은 잡지에 시가 실린 걸 보기는커녕, 전쟁 중에 원본 노트까지 잃어버려 언제 어떻게 무엇을 왜 썼는지 온전한 기억을 잃어버렸고, 긴 시간 무의식을 맴도는 시의 정령만 안타깝게 느낄 뿐이었다. 입가에 맴도는 몇 구절만을 생각하면서 말이다.

석은 떨리는 손으로 잡지를 펼쳤다.

어느 사이에 나는 아내도 없고, 또,

아내와 같이 살던 집도 없어지고,

그리고 살뜰한 부모며 동생들과도 멀리 떨어져서,

그 어느 바람 세인 쓸쓸한 거리 끝에 헤매이었다.

바로 날도 저물어서,

바람은 더욱 세게 불고, 추위는 점점 더해 오는데,

나는 어느 목수(木手)네 집 헌 삿을 깐,

한 방에 들어서 쥔을 붙이었다.

이리하여 나는 이 습내 나는 춥고, 누긋한 방에서,

낮이나 밤이나 나는 나 혼자도 너무 많은 것 같이 생각하며,

딜옹배기에 북덕불이라도 담겨 오면,

이것을 안고 손을 쬐며 재우에 뜻 없이 글자를 쓰기도 하며,

또 문밖에 나가디두 않구 자리에 누워서,

머리에 손깍지 벼개를 하고 굴기도 하면서,

나는 내 슬픔이며 어리석음이며를 소처럼 연하여 쌔김질하는 것이었다.

내 가슴이 꽉 메어 올 적이며,

내 눈에 뜨거운 것이 핑 괴일 적이며,

또 내 스스로 화끈 낯이 붉도록 부끄러울 적이며,

나는 내 슬픔과 어리석음에 눌리어 죽을 수밖에 없는 것을 느끼는 것이었다.

그러나 잠시 뒤에 나는 고개를 들어,

허연 문창을 바라보든가 또 눈을 떠서 높은 천정을 쳐다보는 것인데,

이때 나는 내 뜻이며 힘으로, 나를 이끌어 가는 것이 힘든 일인 것을 생각하고,

이것들보다 더 크고, 높은 것이 있어서, 나를 마음대로 굴려 가는 것을 생각하는 것인데,

이렇게 하여 여러 날이 지나는 동안에,

내 어지러운 마음에는 슬픔이며, 한탄이며, 가라앉을 것은 차

츰 앙금이 되어 가라앉고,

외로운 생각만이 드는 때쯤 해서는,

더러 나줏손에 쌀랑쌀랑 싸락눈이 와서 문창을 치기도 하는
때도 있는데,

나는 이런 저녁에는 화로를 더욱 다가 끼며, 무릎을 꿇어 보며,

어느 먼 산 뒷옆에 바우 섶에 따로 외로이 서서,

어두워 오는데 하이야니 눈을 맞을, 그 마른 잎새에는,

쌀랑쌀랑 소리도 나며 눈을 맞을,

그 드물다는 굳고 정한 갈매나무라는 나무를 생각하는 것이었다.

- 〈남신의주 유동 박시봉방〉, 백석.

석은 한동안 말이 없었다. 빛바랜 잡지를 쥔 그의 손이 미세하
게 떨렸다. 기억을 잃어버린 사람이 갑자기 자신을 되찾은 기분
이랄까.

언제였을까? 이 시를 구상하던 때는. 낯선 만주 땅에서 모든
걸 떨치고 만주를 향해 떠나던 그날이었을까? 아니면 농사일마
저 망치고 마을에서 쫓겨나듯 쓸쓸히 되돌아오던 저녁 무렵이었
을까? 그도 아니면 조선어를 쓸 수 없고, 더는 시를 발표해선 안
된다고 내몰렸을 때였을까? 아니 그보다 이제 더 이상 자야를 내
사람으로 곁에 둘 수 없다고 여겼던 그때, 앞으로 더는 시를 쓰

기 어렵고, 삶에 의미가 공허하게 사라질 거라고 여기던 그때, 그 시절에 떠올린 최후의 시가 아니었을까.

"힘들 때 이 시가 큰 위로가 되었다더군. 이제 기억나네. 이런 말도 했었지. 그 옛날 자야가 떠난 임 생각에 노래를 쉬지 않고 불렀던 것처럼 어떤 일이 있어도 시를 포기하지 말아 달라고. 그건 나도 같은 생각이야. 석아."

시를 포기하지 말라고? 노래를 그치지 않는 것처럼? 석은 그 옛날 자야를 떠올렸다. 함흥 시절 아직 진향이었던 자야를 품에 안고 이백의 〈자야오가〉를 읽던 시절을. 중국 동진 때 북방으로 끌려간 남편을 그리워하며 구슬프게 노래를 불렀다는 자야. 작품 속 그 모습이 어쩌면 이토록 현실의 자야와 닮았을까. 태평양전쟁이 터지고, 남북이 분단되고, 또다시 6·25가 일어나고, 영영 만날 수 없는 긴긴 이별이 이어지고.

"석아, 나는 틀렸지만 어쩌면 너는 기회가 있을 거야. 삼수군도 사람 사는 곳이니 적응만 잘하면 될 거야. 가서 견뎌. 그리고 절대로 시를 포기하지는 말고. 그렇지! 갈매나무, 갈매나무처럼 말이야."

"……."

준은 또다시 새빨갛게 상기된 뜨거운 얼굴로 석을 바라보았다. 석은 낡은 잡지를 두 손으로 꼭 쥐었다. 마치 그 안에 녹아든 자야의 한스러운 그리움과 사랑을 담아내기라도 할 것처럼.

"준아!"

석은 준을 불렀다. 그러나 무슨 말을 해야 할지 몰랐다. 석은 또다시 준을 부르더니 그를 뜨겁게 껴안았다. 어쩌면 마지막 인사가 될지 모르는 순간이었다.

그래, 시를 포기하지는 말아야지. 준이 네 몫까지, 그리고 이곳에서 희생당하는 작가들의 몫까지, 무엇보다 사랑하는 자야의 마음을 담아 시를 써 내려가야지. 비록 발표를 못 하더라도, 사상성이 없다는 비아냥을 들을지라도, 아무 의미 없이 소멸한다 하더라도, 얼어붙은 이 땅에 따뜻한 사랑과 감성을 지키는 최후의 파수꾼으로 시를 지켜 가야지. 준, 그래 포기하지 않을게. 너 역시 삶을 포기하지 마라. 석은 더욱더 힘을 주며 준을 껴안았다.

석은 준과 헤어져 거리에 나섰다. 늦가을 밤바람은 한기가 들 만큼 쌀쌀했다. 가로수의 나뭇잎들은 하나둘씩 떨어져 눈앞에서 휘날리고 있었다. 벌써 한두 잎새만 남기고 거의 떨어져 여기저기 낙엽이 뒹굴고 있었고, 가지 끝에 듬성듬성 매달린 잎새는 나무의 황량함을 더하고 있었다. 외롭고 쓸쓸한 나무들. 석은 밤바람에 위태롭게 흔들리는 남은 잎새와 앙상한 가지를 올려보며 앞으로 감당해야 할 자신과 준의 삶을 쓸쓸히 받아들이고 있었다. 앙상하고 메마른 나뭇가지는 잎을 지탱할 마지막 힘조차 사라진 것처럼 보였다. 그런데 그 순간 석은 오래전 자기 시의 한 구절을 떠올렸다.

외롭고, 높고, 쓸쓸한.

그렇다. 아무리 외롭고 쓸쓸해도 나무는 중력을 거슬러 오른다. 작고 연약한 나무도 중력을 거슬러 하늘을 향하는 것은 마찬가지. 연약하고 보잘것없는 갈매나무도 생명이 붙어 있는 한 중력을 거스르는 힘은 간직하고 있다. 지금 당장 비와 바람이 거세서 마치 금방이라도 가지가 휘고 꺾일 듯하지만 높은 곳을 향해 뻗는 힘은 생이 다하는 날까지 계속되지 않는가. 아, 어쩌면 그 힘을, 중력을 이겨 내는 나무의 힘을 긍정한다면, 결코 시는 끝나지 않을 것이다. 살아 있는 한, 중력을 이겨 내고 바로 설 수 있겠지. 석은 손에 쥔 〈학풍〉을 다시 펼쳤다.

'그래. 이 시가 남아 있는 걸 봐. 분단을 겪고, 6·25를 겪고, 겉이 타고 표지가 뜯겨도 여전히 살아 있지 않나. 스스로 무너지지 않으면 언젠가는 설 수 있다. 굳고 정한 갈매나무처럼.'

석은 시를 다시 한번 되새겨 읽었다.

이렇게 하여 여러 날이 지나는 동안에,

내 어지러운 마음에는 슬픔이며, 한탄이며, 가라앉을 것은 차

츰 앙금이 되어 가라앉고,

　　외로운 생각만이 드는 때 쯤 해서는,

　　더러 나줏손에 쌀랑쌀랑 싸락눈이 와서 문창을 치기도 하는
때도 있는데,

　　나는 이런 저녁에는 화로를 더욱 다가 끼며, 무릎을 꿇어 보며,

　　어느 먼 산 뒷옆에 바우 섶에 따로 외로이 서서,

　　어두워 오는데 하이야니 눈을 맞을, 그 마른 잎새에는,

　　쌀랑쌀랑 소리도 나며 눈을 맞을,

　　그 드물다는 굳고 정한 갈매나무라는 나무를 생각하는 것이었다.

　　　　　　　　　- 〈남신의주 유동 박시봉방〉 中에서, 백석.

시는 모닥불처럼

별빛이 쏟아지는 밤. 해발 고도가 높은 까닭인지 평양에 있을 때보다 별빛은 더 투명하게 보인다. 잉크마저 얼어붙어 한 줄 쓰기도 어려운 혹한의 겨울이 가고, 진달래가 피기 시작하는 삼수의 여름. 봄꽃도 가을꽃도 한데 어울려 피는 여름날의 삼수가 석은 좋았다. 쏟아질 듯 밤하늘을 수놓은 은하수는 밤이 깊을수록 북녘에서 남녘 하늘로 천천히 자리를 옮겨가고 있었다.

인민 학교 학생들의 농업 현장 학습 마지막 날. 석은 지도 교사와 학생 다섯 명과 함께 모닥불을 가운데 두고 빙 둘러앉았다. 규정에 없는 일이었지만 서른을 갓 넘긴 생기발랄한 김소연 선생이 시를 좋아하는 아이들과 함께 꾸민 일이었다. 삼수군에서도 가장 외지인 관평리. 엄연히 서슬 퍼런 협동조합 감독관이 있었지만 김 선생이 향긋한 머루주를 가지고 간곡히 부탁하자 하룻밤 자유 시간을 내어 준 것이었다. 오십이 훌쩍 넘은 감독관은 일찌감치 관사로 들어가 수년 만에 마셔 보는 머루주에 흠뻑 취해 곤히 잠들어 버렸다.

"선생님!"

"……."

"좋은 말씀 좀 부탁드려요. 학생들이 이렇게 모였는데."

"뭘 말씀인가요?"

"선생님이 그 유명한 시인인 거 다 알거든요. 오늘은 감독관도 없고, 분위기도 좋은데 한 말씀 부탁드려요. 현장 학습 마지막 날이잖아요. 이 친구들이 시를 아주 좋아하거든요."

석은 김 선생이 부담스러웠다. 자칫 감독관에게 지적당하면 자신은 물론 김 선생과 학생들에게 화가 미칠지도 모를 일이기 때문이었다.

"사실은 제가 선생님 열성 팬이었어요. 저도 꼭 함흥에 가 보고 싶었는데. 우리 소년 동무들에게 선생님께서 지은 동시라도 들려주세요. 네?"

"……."

석은 잠시 아무 말이 없었다. 곁에 있던 인민 학교 학생들은 재미있는 이야기라도 들려달라는 듯 석에게 귀여운 눈짓을 보내며 귀를 쫑긋 세웠다. 열서너 살쯤 되어 보이는 막내딸 같은 친구들이었다. 석은 무슨 말을 해야 할지 잠시 망설였다. 어린 친구들을 앞에 두고 한 번도 이야기를 해 본 적이 없기 때문이었다. 여전히 당국의 감시 대상이라서 발표는커녕 떠오르는 시상도 쪽지에 몰래 적어 두는 형편이라 누군가와 시를 이야기하는 것 자체가 참으로 오랜만이었다. 그만큼 석은 이곳 삼수에서 시인으로서는 잊힌 사람이었고, 그저 서툰 양치기로 살아가고 있었다.

석은 눈을 감고 생각했다. 어린 친구들에게 무슨 이야기를 해야 좋을지를. 또다시 침묵이 흘렀다. 침묵을 깨뜨리는 건 모닥불이었다. 마치 석의 대답을 재촉이라도 하듯 모닥불은 탁탁 소리를 내며 타오르고 있었다. 그 소리 탓일까. 석은 모닥불을 응시했다. 마치 앳된 소녀의 길들이지 않은 춤처럼 자유롭게 타오르는 불꽃.

석은 머릿속을 스쳐 가는 한 여인을 떠올렸다. 15촉 희미한 전등 불빛 아래에서 오직 자기만을 위해 타오르는 불꽃처럼 춤추던 여인을. 순간순간 휘어 돌아가는 가냘픈 허리와 허공으로 차오를 듯 다시 내려앉는 우아한 몸짓. 세상의 모든 경계와 질서를 뒤섞어 버리기라도 할 양으로 날렵하게 휘도는 두 팔. 석은 오래전 좁은 하숙방에서 오로지 자신만을 위해 타오르던 한 여인을 모닥불 속에서 바라보았다.

"모닥불."

"네?"

"모닥불이에요. 시는."

김 선생과 학생들은 호기심 가득한 얼굴로 석을 바라보았다. 석은 갑자기 자기가 쓰고 있던 헌 모자를 벗어 모닥불에 던져 넣었다.

"아니 선생님, 모자를 왜?"

모닥불은 갑자기 던져진 모자 때문에 잠시 휘청이는가 싶더니 곧 연기를 짙게 피우며 자신의 불씨를 모자에 옮기기 시작한다.

"괜찮아요. 어차피 너무 낡고 오래돼서 새로 보급을 받아야 하니까. 저길 봐요. 모자가 타들어 가잖소? 자기 형체를 불 속에 천천히 내어 주면서."

"네?"

"자유를 얻는 거지."

학생들은 무슨 말인지 잘 이해가 되지 않는 듯 고개를 갸웃거리며 타들어 가는 모자를 안타깝게 쳐다보았다.

"경계를 허물고 자유를 얻는 겁니다. 시는."

"아……. 예전에 읽었던 적이 있어요. 선생님 시에서. 〈모닥불〉. 새끼 오리도 헌신짝도 소똥도 타는 모닥불. 다는 외우지 못했지만 기억이 나요."

"그 시를 기억해 주다니 고마워요. 자, 저기 모닥불을 봐요. 저

안에서 기존의 형체는 아무 의미가 없어요. 각자가 자기 형체를 지키려고 하면 모닥불을 이룰 수가 없죠. 저길 봐요. 장작들이 어떻게 불꽃을 이루는지."

김 선생과 소년들은 백석의 말에 더욱 집중하며 모닥불을 바라봤다. 한참을 바라보고 있노라니 모닥불 속에 서로를 기댄 채 붉게 숯이 되어 가는 장작들이 탁탁 소리를 내며 스스로를 허물어뜨리고 있었다.

"자기 경계를 무너뜨려야 다른 것과 섞이고 비로소 자유롭게 타오를 수가 있어요. 그 안에서 쓸모가 있느냐 없느냐, 가치가 있느냐 없느냐가 중요한 건 아니지요. 시를 쓸 때도 모든 경험이 다 소중해요. 중요한 것은 자기를 고집하지 않고 다른 것과 함께 뒤섞여 타오를 수 있느냐지요. 시는 불꽃 같은 거예요. 서로를 애타게 그리워하다 불이 붙어서 하나가 되는."

석은 또다시 낡은 신발 한 짝을 벗어 모닥불 속에 던져 넣는다.

"선생님!"

"괜찮아요. 이것도 낡았다오. 여길 봐요. 닳아서 구멍이 나질 않았소."

석은 밑창이 닳은 또 다른 신발 한 짝을 보여 주었다. 모닥불은 신발 한 짝이 던져지자 잠시 주춤거리다 이내 되살아나 신발에 불씨를 옮겨 놓는다.

그러자 한 학생이 호주머니에서 뭔가를 꺼내어 모닥불에 던져 넣는다. 김 선생이 학생을 바라본다.

"아무것도 아녜요. 그냥 찢어진 헝겊 조각이에요."

"놔두세요."

석은 헝겊 조각을 던져 넣은 친구를 향해 미소를 짓는다. 그러자 다른 학생들도 저마다 뭔가를 찾는다. 그렇게 가랑잎, 짚검불, 머리카락, 막대 꼬치가 모닥불 속으로 들어가 또다시 형체를 잃고 춤을 추듯 타오른다. 석은 그 안에서 자유롭게 춤추는 무희를 본다. 이념도, 사상도, 정치도, 철학도, 한 줌의 도덕과 생활도, 찰나의 기쁨과 아픔마저도 춤으로 모두 뒤섞여, 때로는 붉고, 때로는 푸른 불꽃을 이룬 채 활활 타오른다. 어쩌면 시인이란 평생 그 불꽃을 닮아 가는 존재일 것이다.

"시는 자유예요. 타인과 함께 꿈꾸는. 앞으로 많은 경험을 할 텐데 그것들이 몸과 마음에서 하나로 타올라야 해요. 모닥불처럼."

모닥불은 연신 타올랐다. 여름이지만 여전히 서늘한 삼수군. 밤이 깊을수록 바람이 불고 공기가 냉랭했지만 모닥불은 소년들의 영혼을 따뜻하게 덮혀 주고 있었다. 시가 사람의 마음을 훈훈히 덮혀 주듯이. 석은 아주 오랜만에 기억의 지층에서 자신이 쓴 시를 떠올렸다.

새끼 오리도 헌신짝도 소똥도 갓신창도 개니빠디도 너울쪽도 짚검불도 가랑잎도 머리카락도 헌겊 조각도 막대 꼬치도 기왓장도 닭의 깃도 개터럭도 타는 모닥불

재당도 초시도 문장(門長) 늙은이도 더부살이 아이도 새사위도 갓사둔도 나그네도 주인도 할아버지도 손자도 붓장사도 땜쟁이도 큰 개도 강아지도 모두 모닥불을 쪼인다

모닥불은 어려서 우리 할아버지가 어미 아비 없는 서러운 아이로 불쌍하니도 몽둥발이가 된 슬픈 역사가 있다

― 〈모닥불〉, 백석.

백석은 삼수군에서 평생을 보냈다. 종종 기회가 생겨 평양의 중앙 문단에 작품을 발표한 적도 있지만 그것은 매우 제한적이었다. 그는 재기와 생존을 위해 목적성이 짙은 글을 남기기도 했다. 그러나 그것이 그의 진심이라고 하기는 어려울 것이다. 그런 그의 활동도 1962년 이후 완전히 중단되고 만다. 그에게 기회를 주려던 한설야가 김일성을 비판하다 숙청당했기 때문이었다. 하지만 백석이 시를 포기한 것은 아니었다. 그는 자기 삶의 공간에서 남몰래 시를 사랑하는 이들을 위해 기꺼이 이름 없는 밑불이

되어 주었고 그 불은 각자의 마음속에서 비밀스럽게 타오를 수 있었다.

백석이 남녘에 남긴 모닥불도 쉽게 꺼지지 않았다. 그의 시들은 오랜 기간 사위어 가다 마침내 1988년 월북, 재북 작가들에 대한 금지 조치가 풀리면서 남쪽 땅에서 온전한 생명을 얻었다. 그 후 그가 남긴 불씨는 또 다른 형체들을 만나 지금은 그 어느 불꽃보다도 자유롭고 아름답게 타오르는 중이다.

글쓴이의 말

"미역 오리같이 말라서 굴 껍지처럼 말없이 사랑하다 죽는다."

대학 시절 이 구절에 꽂혀 통영을 홀로 여행했던 적이 있었습니다. 사랑하다 죽는다? 사랑하다 죽을 만큼 그 누군가에게, 혹은 그 무엇인가에 몰입한다는 게 정녕 가능할까. 기약 없는 미래, 불안한 젊음에 잠 이루지 못하던 그 시절, 사랑하다 죽는다는 표현이 매혹적으로 다가왔습니다. 죽음이 완결을 의미하는 것이라면, 사랑하다 죽는다는 것은 사랑으로 자기 삶을 완성한다는 뜻이고, 자신을 온전히 사랑으로 채운다는 의미일 거라고 여겼습니다. 미역 오리처럼, 굴 껍지처럼 사랑하는 존재와 운명을 같이 하는 건 어떤 삶일까 궁금했지요. 그렇게 백석 시인을 알게 되었고, 시를 공부하는 내내 어떻게 해야 미역 오리와 굴 껍지처럼 몰입을 경험할 수 있을지 고민했습니다.

사랑하다 죽을 만큼 시인이 몰입했던 게 무엇인지 우리는 모릅니다. 시를 쓰던 때에는 통영의 천희였을지 몰라도, 그 이후에는 젊은 날을 함께했던 자야였을지, 아니면 그의 마지막을 지켜봤을 아내였을지 알 수 없지요. 다만 한 가지, 그가 몰입했을 그 무언가를 어렴풋이 추측은 할 수 있겠지요. 시인에게 스쳐 지나가는 인연이 아니라 평생을 두고 미역 오리처럼 붙어서 사랑했을 인연, 그건 아마도 모국어로 된 시였을 것입니다.

백석은 일제 강점기를 살다가, 해방 후에는 북한에서 살았습니다. 자유를 제대로 누릴 수 없는 환경이었죠. 그러나 백석은 그 시기에 우리말을 포기하지 않았습니다. 또 모국어로 된 시 쓰기를 포기하지 않았죠. "백석은 민족성이 투철한 시인이었다." 딱히 이렇게 말할 수는 없을 것입니다. 그러나 그는 모국어에 대한 애정만큼은 각별했습니다. 그는 다른 일본 유학생들과 달리 오로지 우리말로만 시를 썼고 그것만큼은 결코 타협하지 않았으니까요. 일본 유학에 영문학을 전공하고, 모던한 생활과 시 쓰기를 지향했음에도 한 줌의 외래어조차 허용하지 않고, 오히려 거칠고 투박한 평북 지역 사투리를 즐겨 쓰던 백석. 그가 평생을 두고 사랑했던 것은 어쩌면 모국어였을지 모릅니다.

시인이 모국어에 대한 사랑을 특출나게 내세운 것은 아니었습니다. 마치 '미역 오리같이 말라서 굴 껍지처럼 말없이 사랑하다 죽는' 것처럼 은밀히 자기 사랑을 실천했을 뿐이었습니다. 그는 이념도, 사상도, 정치도, 철학도, 한 줌의 도덕이나 사랑도, 찰나의 기쁨과 아픔도, 그 어떤 설렘이나 두려움조차도 모국어라는 자유로운 불꽃 속에 함께 타오르도록 평생을 모닥불을 지피며 살았을지 모릅니다. 그런 점에서 시인의 불꽃은 여전히 우리 곁에서 타오르고 있지요.

시인의 생애를 글로 표현하는 것은 무척 부담스러운 일이었습니다. 후배 시인들이 가장 아끼고 사랑하는 시인의 삶을 행여 잘못 그려 낼까 두려움이 앞섰습니다. 더군다나 안도현 시인의 《백석 평전》처럼 입체적 조명이 이루어진 텍스트가 이미 존재하고 있어서 이런 소설적 글쓰기가 누가 되는 것은 아닌지 망설였습니다. 하지만 백석 시인의 생애를 더 많은 이들이 어렵지 않게 느끼길 바라는 마음에 용기를 내었습니다. 그가 남긴 작품과 이미 출간된 글들을 참고하였고 소설의 형식으로 재구성하느라 행간 구석구석에 소박한 상상력을 덧칠했습니다. 그러니 상상력이 빈약하거나 잘못된 내용이 있다면 그건 오로지 글쓴이의 책임입니다.

이 책의 시작과 끝은 모두 북멘토 출판사의 의지로 이뤄졌습니다. 출판을 제안해 주신 김태완 사장님과 바쁜 일정 속에 편집을 도맡아 준 조정우 팀장님께 큰 감사를 드립니다. 더불어 원고를 촘촘히 검토해 주신 오창렬 시인께도 깊이 감사드립니다. 이 책을 통해 백석 시인의 삶과 그의 사랑이 널리 알려지길 진심으로 기원합니다.

강영준

한국 근현대사와 함께 보는
백석 연보

1912년	7월 1일 출생. 평안북도 정주군 갈산면 익성동에서 태어남. 어린 시절 이름은 백기행, 3남 1녀 중 장남임.
1918년	7세 오산 소학교에 입학.
1924년	13세 오산 소학교 졸업 후, 오산 학교에 입학함.

1926년 11월 2일 오산 학교가 오산 고등 보통학교로 바뀌며, 5년제로 학제 개편됨.

1929년 11월 3일 일본인 학생이 조선인 여학생을 길에서 희롱한 사건을 시작으로 전국 각지로 저항 운동이 번져 나갔고, 이 사건을 일컬어 광주 학생 항일 운동이라고 함.

1930년 19세 단편 소설 〈그 모와 아들〉로 〈조선일보〉 신년 현상 문예에 당선됨. 같은 해, 일본으로 건너가 아오야마 학원 영어사범과에 입학함.

1931년 9월 18일 일본의 관동군이 만주 사변을 일으킴. 일본은 만주 지역을 중국을 침략할 발판으로 삼기 위해 전쟁을 시작했고, 일본이 승리한 끝에 훗날 만주국이 탄생하게 됨.

1934년 23세 대학 졸업 후, 조선으로 돌아와 〈조선일보〉 교정부에 입사함.

1936년 25세 첫 시집 《사슴》 출간. 같은 해, 흠모하던 박경련에게 청혼을 했지만 거절당함. 기생 김진향과 만나 연인이 되었고, 자야라는 이름을 지어 줌.

1937년 7월 7일. 일본 제국의 중국 침략이 시작되었고, 이를 중일 전쟁이라고 함. 중일 전쟁은 1945년 일본 제국이 패망할 때까지 지속됨.

1937년   26세. 흠모하던 박경련과 가장 친한 친구인 신현중이 결혼한다는 소식을 들음. 부모의 강요로 첫 번째 결혼을 강행함.

1939년   28세. 〈여성〉지의 편집 주임으로 근무함. 자야와 동거하던 와중에 부모의 강요로 두 번째 결혼을 하지만 결국 다시 자야에게 돌아옴.

1940년   29세. 만주국 신징으로 이주.

1941년 12월 9일. 일본이 하와이 진주만을 공격한 사건을 계기로 미국과 영국이 일본에게 선전 포고함. 이것이 태평양 전쟁의 시작이며, 훗날 원자 폭탄이 투하되어 일본이 패망하는 계기가 됨.

1945년   34세. 해방 후, 고향 평안북도 정주로 돌아갔다가 평양으로 가서 독립 운동가 조만식 선생의 통역 담당으로 일함.

1945년 9월 8일 일본이 패전한 뒤, 소련이 조선에서의 영향력을 행사하며 남진하자 미군이 남한에 진주를 시작함. 미국과 소련의 군정은 각각 남한과 북한에 자체적으로 자본주의와 사회주의 체제를 설립했고, 이로 인해 수많은 대립과 갈등이 발생함.

1946년　　35세. 장남 화제가 태어남.

1947년　　36세. 조선 문학 예술 총동맹 외국문학 분과 위원으로 임명됨.

1948년　　37세. 북한에서 시를 발표할 수 없어 남한의 잡지인 〈학풍〉에 〈남신의주 유동 박시봉방〉을 발표함.

1950년 6월 25일 한국 전쟁이 발발함.

1953년 3월 5일 레닌 이후 소비에트 연방의 최고 권력자였던 이오시프 스탈린이 사망함.

1955년 44세. 차남 중축이 태어남.

1956년 8월. 8월 종파 사건이 발생함. 스탈린의 사망으로 인해 소련 내에서 스탈린에 대한 비판이 거세어졌고, 그 영향으로 북한 내에서 김일성의 입지도 줄어듦. 이러한 분위기 속에서 김일성이 해외 순방을 나가 있는 동안, 연안파 세력이 김일성을 끌어내리기 위한 비판을 이어 나갔고, 이것이 실패로 돌아가 급히 귀국한 김일성에 의해 모두 숙청당함.

1957년 46세. 동화 시집《집게네 네 형제》를 출간함. 아동 문학에 대한 평소 소신을 글로 발표했고, 이 일이 발단이 되어 자아비판까지 하게 되는 고초를 겪음. 막내딸 가제가 태어남.

1959년 48세. 양강도 삼수군으로 이주하라는 북한 당국의 명령을 받고 이주함. 막내아들 구가 태어남.

1962년 51세. 동시 〈나루터〉를 발표한 것을 마지막으로 정치적
으로 경직된 북한 문단에서 더 이상 작품 활동을 하지
못하게 됨.

1988년 7월 19일 월북 및 재북 작가 120명에 대한 출판 금지 조치가 해
제됨. 이로 인해 백석을 비롯해 이태준, 박태원, 오장환 등 월북 및 재
북 문인의 작품이 정식으로 출판되기 시작함. 일제 강점기에 활발히
활동했지만 접할 수 없었던 여러 문인의 작품이 남한에 소개되기 시
작했으며 다양한 연구가 이루어짐.

1996년 85세. 삼수군 관평리에서 사망함.

사진 출처

〈백석〉 나무위키, 퍼블릭도메인

〈백석 시집 《사슴》〉 국립중앙도서관 소장

〈백석의 가족 사진〉 유재혁, 인문정보학 위키 CC BY-SA 3.0

〈북에서 찍힌 백석의 노년 사진〉 유재혁, 인문정보학 위키 CC BY-SA 3.0

〈박경련, 혹은 백석의 첫사랑 란〉 유재혁, 인문정보학 위키 CC BY-SA 3.0

〈박경련과 신현중〉 유재혁, 인문정보학 위키 CC BY-SA 3.0

〈기생 김진향, 그녀의 또 다른 이름 자야〉 유재혁, 인문정보학 위키 CC BY-SA 3.0

역사인물도서관 5

흰 바람벽이 있어 - 백석 이야기

1판 1쇄 발행일 2024년 2월 16일
글쓴이 강영준 **펴낸곳** (주)도서출판 북멘토 **펴낸이** 김태완
편집주간 이은아 **편집** 김경란, 변은숙, 조정우 **디자인** 안상준 **마케팅** 강보람, 민지원, 염승연
출판등록 제6-800호(2006. 6. 13.)
주소 03990 서울시 마포구 월드컵북로 6길 69(연남동 567-11) IK빌딩 3층
전화 02-332-4885 **팩스** 02-6021-4885

🏠 bookmentorbooks.co.kr ✉ bookmentorbooks@hanmail.net
📷 bookmentorbooks__ f bookmentorbooks

ⓒ 강영준 2024

ISBN 978-89-6319-565-0 03990